Thomas Härry

Das Geheimnis deiner Stärke

Wie Gott deine Lebensgeschichte gebrauchen will

SCM R.Brockhaus

SCM

Stiftung Christliche Medien

Die Edition AUFATMEN
erscheint in Zusammenarbeit zwischen
SCM R.Brockhaus im SCM-Verlag, Witten
und dem Bundes-Verlag Witten.
Herausgeber: Ulrich Eggers

6. Auflage 2013

Umschlag: Dietmar Reichert, Dormagen
Satz: Satz & Medien Wieser, Stolberg
Druck: CPI – Ebner & Spiegel, Ulm
ISBN 978-3-417-26286-5
Bestell-Nr. 226.286

MIX
Papier aus verantwortungsvollen Quellen
FSC www.fsc.org FSC® C006701

INHALT

Vorwort

Habe dein Schicksal lieb, denn es ist der Weg Gottes mit deiner Seele.
Fjodor M. Dostojewski

Seit vielen Jahren beschäftigt mich nicht nur die Frage, wie Menschen mit Gott im Alltag leben können, sondern auch, wie er sie für sich und seine Ziele mit dieser Welt gebrauchen kann. Nicht nur dann, wenn das Leben rund läuft, wir ungehindert unsere Fähigkeiten in einer Gemeinde oder einer sinnvollen Arbeit einbringen können und uns dabei das meiste gelingt. Sondern gerade auch dann, wenn uns Unzulänglichkeiten, Schwierigkeiten, Krisen und Verlusterfahrungen heimsuchen. Sind Menschen, die irgendwie eingeschränkt sind, weniger brauchbar als solche, denen es gegönnt ist, die Sonnenseite des Lebens ganz und gar zu genießen?

Ein Blick in die Bibel macht schnell deutlich: Die Mehrheit derer, durch die Gott Großes bewegt hat, waren begrenzte oder sogar zerbrochene Persönlichkeiten. Menschen mit gravierenden Mängeln, großen Schwächen und oft auch mit schmerzenden Wunden. Gott hat sich nicht daran hindern lassen, gerade *sie* zu segnen, an ihnen zu handeln und sie in seine Pläne mit dieser Welt einzubeziehen. Wenn ich mich heute in christlichen Kreisen umschaue, bekomme ich manchmal den Eindruck, dass wir das bei den Menschen der Bibel zwar wahrnehmen, aber nicht auf uns selbst übertragen. Viele Christen fühlen sich unbrauchbar, weil ihr Leben irgendwo einen Knick hat. Weil in ihnen etwas zerbrochen ist, weil sie verwundet wurden oder in irgendeinem Bereich des Lebens gescheitert sind. Mein Eindruck ist, dass ein solches Ereignis für viele eine lähmende Zäsur darstellt, die sich wie ein Schatten auf ihr weiteres Leben legt. Verzweifelt versuchen sie, diese Erfahrung und deren Folgen abzuschütteln, um endlich wieder zum vollen, ungehinderten Leben und Dienst für Gott durchzudringen. Wem das nicht gelingt, der fühlt sich auf der Verliererseite des Lebens. Disqualifiziert sich selbst dafür, dass er immer noch kämpft, Fragen hat, mit Wunden, Zweifeln und Unsicherheiten ringt.

Für solche Menschen habe ich dieses Buch geschrieben. Mein Anliegen ist, ihnen zu zeigen, dass das Geheimnis eines gesegneten Lebens, das brauchbar wird für Gott, nicht darin besteht, dass wir alles in den Griff bekommen und keine Probleme mehr haben. Sondern darin, dass wir die eigene Zerbrochenheit anerkennen und Gott darin sein veränderndes Werk tun lassen. Ich möchte Menschen dazu ermutigen, sich da, wo sie heute stehen, ihrer persönlichen Lebensgeschichte zu stellen, ihren Wunden nicht länger auszuweichen und Gott und sein Wirken in den Tiefen ihrer Seele willkommen zu heißen. Wie es Dostojewski unübertroffen schön ausgedrückt hat: In unserem Schicksal zeigt sich der Weg, durch den Gott unsere Seele formen will. Selbst zutiefst schmerzhafte persönliche Erlebnisse sind in seinen Augen wertvoll. Gerade durch zerbrochene Menschen vollbringt Gott einige seiner wertvollsten Taten. Verwundete, gescheiterte Menschen, deren Seele Gott heilend zu berühren beginnt, werden zu seinen bevorzugten Partnern, durch die er andere segnet und ermutigt. Menschen, die sich bisher für gescheitert und unbrauchbar hielten, fangen auf einmal an, zu glauben und damit zu rechnen, dass Gott durch sie andere Menschen entscheidend prägen und fördern kann. Und genau das erleben sie auch. Sie kennen das Geheimnis ihrer Stärke.

Ich möchte Menschen dazu ermutigen, sich da, wo sie heute stehen, ihrer persönlichen Lebensgeschichte zu stellen, ihren Wunden nicht länger auszuweichen und Gott und sein Wirken in den Tiefen ihrer Seele willkommen zu heißen.

In gewisser Weise ist das vorliegende Buch eine Fortsetzung meines ersten Buches *Echt und stark: Kraftvoll glauben – Tiefgang finden.* Einige der dort geäußerten Gedanken nehme ich erneut auf und vertiefe sie. Für alle, die *Echt und stark* nicht kennen, habe ich einige wesentliche Grundlagen im ersten Kapitel noch einmal aufgenommen und zusammengefasst.

Diesem Buch liegt eine Wochenendtagung zugrunde, die ich im November 2007 auf dem »Dünenhof« im deutschen Cuxhaven gehalten habe. Ina Dinnebier hat die dort gemachten Tonaufnahmen in geduldiger Arbeit zu Papier gebracht. Ihr gehört ein besonderes Dankeschön. Ina, ohne deine wertvolle Vorarbeit hätte ich es nicht geschafft, in einer bereits ausgefüllten Zeit dieses Buch zu schreiben.

Weiter möchte ich einmal mehr Ulrich Eggers für seine Anregung und freundschaftliche Ermutigung zu diesem Buch danken: Ohne dein Fördern würde es dieses Buch ebenfalls nicht geben.

Dann danke ich auch Silke Gabrisch, meiner Lektorin von SCM R.Brockhaus, für ihre zuverlässige und kompetente Unterstützung. Ich schätze unsere gute, konstruktive Zusammenarbeit und danke dir herzlich für so manche wertvolle Anregung!

Schließlich danke ich von ganzem Herzen meiner Frau Karin: Du bist meine größte Ermutigerin und hilfreichste Kritikerin! Dank deinen Impulsen ist vieles ausgewogener geworden und in ein klareres Licht gerückt.

Mein tiefster Dank gehört meinem himmlischen Vater und Freund. Dass ich dieses Buch schreiben kann, ist nichts anderes als der Beweis dafür, dass Gott sich von unvollkommenen, gebrochenen Menschen nicht begrenzen lässt. Ich kann kaum glauben, wie viel Gutes er hat werden lassen.

Aarau, am 16. September 2008
Thomas Härry

Kapitel 1:

Die Seele

Seelische Verwirrung auf dem Campingplatz

Unsere ganze Campingausrüstung und die persönlichen Utensilien von fünf Familienmitgliedern in unserem alten Opel zu verstauen, ist jedes Jahr zur Urlaubszeit eine neue Herausforderung für mich. So auch in jenem Sommer vor ein paar Jahren, als wir beschließen, unsere Zelte in Südfrankreich aufzuschlagen. Nach mehreren Versuchen gelingt es auch diesmal, alles unterzubringen. Jeder Zentimeter Freiraum in unserem Auto ist ausgefüllt mit Taschen, Kleidern, Kocher, Büchern (ohne sie geht gar nichts ...), Schminkzeug (meine drei Töchter bestehen darauf, dass auch das *unbedingt* mitmuss!), Stühlen, einem Tisch, Zelten und was noch alles dazugehört. Mitten in der Nacht fahren wir los, um den Ferienstau am Gotthardtunnel zu umgehen.

Während die ganze Familie im Auto schläft, höre ich auf die leise, rhythmische Countrymusik aus dem Autokassettengerät. In mir kommt Ferienstimmung auf. Unglaublich gefreut habe ich mich auf diesen Urlaub. Zwei Wochen ohne Verpflichtungen, ohne Telefonate, ohne E-Mail. Keine Sitzungen, keine Predigten, kein Unterricht, keine Prüfungsarbeiten korrigieren, keine Gespräche, keine Konflikte wegen zu lauter Musik im Gottesdienst oder anderer, sehr relevanter Fragen im Reich Gottes.

Zehn Stunden später bauen wir auf einem kleinen, gemütlichen Campingplatz direkt am Meer unsere Zelte auf. Während unsere Mädchen die Umgebung nach gleichaltrigen Jugendlichen auskundschaften, machen Karin und ich es uns auf unseren Stühlen bequem und beginnen zu lesen.

Nach etwa vier Tagen steigt in mir ein seltsames Gefühl der Unzufriedenheit hoch. Anfangs vermag ich es noch zu verscheuchen.

Doch es meldet sich immer wieder und wird stärker. Irgendetwas drückt auf meine Laune, und ich weiß nicht, was. Ich bin irritiert. Hier habe ich doch alles, was ich mir gewünscht habe: Ich kann ausspannen, habe Zeit zum Lesen, kann mich mit meinen Kindern am Strand tummeln. Zwei-, dreimal am Tag holen wir uns ein leckeres Eis im Strandcafé. Auf unserem Grill brutzeln saftige Fleischstücke. Genau danach habe ich mich doch wochenlang gesehnt, wenn ich gerade in einem schwierigen Gespräch steckte. Nun habe ich das alles und fühle mich schlecht. Was ist nur mit mir los?

In den nächsten Tagen geht es mir nicht besser, im Gegenteil. Je länger wir auf diesem Campingplatz bleiben, umso elender fühle ich mich. In stillen Momenten, in denen ich nachts in meinem Schlafsack wach liege, tauchen in meinem Inneren dunkle Gedanken und Gefühle auf. Seltsame Zweifel melden sich. Selbstvorwürfe kriechen an mir hoch und krallen sich in meinen Gedanken fest. »Was ist das, was du machst, eigentlich wert? Lohnen sich deine Bemühungen als Lehrer und Pastor in der Gemeinde überhaupt? Für wen ist das, was du tust, *wirklich* relevant? Und deine Familie: Entgleiten dir deine bald erwachsenen Töchter nicht langsam? Was kannst du ihnen schon sein und geben? Sehen sie dich überhaupt noch als Leitfigur, als liebenden, sich kümmernden Vater? Haben sie sich innerlich vielleicht bereits von dir distanziert? Erwarten sie für ihr Leben vielleicht gar nichts Relevantes mehr von dir?« Solche und andere düstere Gedanken nehmen mich ein und lähmen mich. Ich wälze mich von der einen Seite auf die andere und falle schließlich in einen unruhigen Schlaf mit schlechten Träumen.

In stillen Momenten, in denen ich nachts in meinem Schlafsack wach liege, tauchen in meinem Inneren dunkle Gedanken und Gefühle auf. Seltsame Zweifel melden sich.

Mehrere Tage geht es so weiter. Nach außen lasse ich mir nichts anmerken, aber innerlich fühle ich mich hundeelend. Ich schleppe mich vom Zelt zum Strand und vom Strand zum Zelt. Ich lese lustlos in einem schlecht geschriebenen historischen Roman und versuche, meine Feriendepression mit einer Extraportion Eis abzukühlen. Es gelingt mir nicht. Ich bete. Lese in meiner Bibel. Das verschafft mir kurze Momente der Erleichterung. Aber sie halten nicht lange an. Eine Stunde später geht es nach der alten Leier weiter.

Als wir nach zwei Wochen unsere Zelte zusammenräumen und wieder Richtung Norden nach Hause fahren, bin ich richtiggehend erleichtert. Endlich fort aus diesem Umfeld, wo sich bei mir dieses entmutigende Schauspiel aus dunklen Gedanken und diffusen Gefühlen gebildet hat. Endlich zurück nach Hause und an die Arbeit!

Drei Wochen später sitze ich im Arbeitszimmer meines Mentors und Beraters, mit dem ich mich alle drei Monate treffe. Ich erzähle ihm von meinen irritierenden Urlaubserfahrungen. Davon, dass ich mir überhaupt nicht erklären kann, wieso es mir dort so schlecht ging und woher all diese Zweifel, Gefühle und negativen Gedanken kamen. Ich erzähle ihm, dass sie mich einfach überrumpelt haben und mich wie ein wehrloses Opfer mit ihren dunklen Fäden umgarnten, fesselten und festhielten, bis der Urlaub vorbei war.

Die Fragen, dunklen Gefühle und Unsicherheiten waren verzweifelte Signale einer Seele, die damit überfordert war, dass sie nach Wochen anstrengender Arbeit und herausfordernder Projekte unvermittelt »arbeitslos« geworden war.

Wie schon oft in vergangenen Treffen sprechen wir anschließend über mein Innenleben. Über jenen Teil meiner Persönlichkeit, der so vieles von dem, was ich fühle und denke, steuert. Mein Berater hilft mir mit geschickten Fragen, Licht ins Dunkel zu bringen.

Und auf einmal fällt es mir wie Schuppen von den Augen: Was sich da in mir gemeldet hat, war meine Seele! Diese Fragen, dunklen Gefühle und Unsicherheiten waren verzweifelte Signale einer Seele, die damit überfordert war, dass sie nach Wochen anstrengender Arbeit und herausfordernder Projekte unvermittelt »arbeitslos« geworden war. Mein Innerstes kam nicht damit zurecht, dass ich von einem Tag auf den anderen keine Probleme mehr zu lösen hatte, keine

»Berge« mehr bezwingen musste, was zwar anstrengend, aber auch ausfüllend und Sinn gebend für mich war. Nun auf einmal, im Urlaub, wo von einem Tag auf den anderen Nichtstun angesagt war, da reagierte meine Seele. Jetzt auf einmal hatte sie keine Herausforderungen mehr zu meistern. Damit kam sie nicht klar. Und so suchte sie sich eine andere Tätigkeit und beschloss: »Wie wäre es, wenn du dich zur Abwechslung mal nur um dich selbst drehen würdest? Dann hast du wenigstens etwas zu tun! Also lancieren wir doch das Projekt ›Selbstzweifel und Co.‹ und schauen, wie Thomas darauf reagiert ...«

Meine Seele war sehr erfolgreich mit diesem »Projekt« – sie schaffte es, mich vollkommen in Beschlag zu nehmen und mich mit ihrem Störprogramm auszuschalten. Und mir gelang es nicht, diesen Hilferuf von innen zu verstehen und darauf zu reagieren. Ich kam nicht auf die Idee, dass ich es wieder einmal mit meiner irritierten Seele zu tun hatte, die mich auf etwas aufmerksam machen wollte. Ich übersah und überhörte, was Gott mir zeigen und sagen wollte. Und war deshalb unfähig, irgendetwas gegen diese dunklen Stimmungen zu unternehmen.

In diesem Gespräch mit meinem Mentor lernte ich meine Seele wieder ein kleines Stück besser kennen. Verstand einmal mehr, dass sie diesen Teil meines innersten Seins ausmacht, wo Gott mich wichtige Dinge lehren will. Wenn ich mir dessen bewusst bin, erkenne ich die Lektion, die da für mich bereitliegt, kann sie annehmen und darauf reagieren. Wenn nicht, dann erlebe ich mich als Opfer undefinierbarer Empfindungen und Gedanken, die ich dann jeweils mehr oder weniger erfolgreich abzuschütteln versuche.

Heute weiß ich, dass ich diesen Übergang von den verantwortlichen und herausfordernden Tätigkeiten als Leiter hin zu zwei Wochen Nichtstun bewusster hätte planen können. Ich kann offensichtlich mit einem solch abrupten Wechsel von angespannter Aktivität zu totaler Entspannung schlecht umgehen. Meine Seele ist damit überfordert. Ich kann und muss deshalb darauf Rücksicht nehmen.

Konkret heißt das, dass ich meine ersten Urlaubstage nicht einfach mit Nichtstun verbringen sollte. So kann ich verhindern, dass meine Seele plötzlich hilflos in einer gähnenden Leere baumelt, mit der sie nicht umgehen kann. Daher plane ich zusammen mit meiner Familie oder auch alleine ein paar Dinge ein, die mich auf irgendeine Weise fordern und mir ein sanftes Landekissen bescheren, wenn ich in den Urlaub fahre und mich entspannen will.

Hier lag also die erste Lektion, die sich hinter diesen Frustferien versteckte. Dann gab es noch etwas, mit dem ich mich auseinandersetzen wollte; nämlich mit der Frage: Welchen Unwahrheiten und entmutigenden Einflüsterungen aus meinem Innern bin ich wieder einmal auf den Leim gegangen? Welche Korrektur braucht mein Denken und Fühlen, wenn sich solche Zweifel in mir melden? In den Wochen nach diesen Ferien gab es einiges, das ich neu durchbuchstabierte und in meinem Tagebuch festhielt.

> Die vielleicht wichtigsten Lektionen für unser Leben schickt Gott uns nicht durch einen Brief, der vom Himmel fällt. Er schickt sie durch die leisen und lauten Regungen unserer Seele.

Dieses Erlebnis ist ein ganz persönliches. Es enthält keine zwingende, allgemeingültige Aussage für Sie als Leser, was die Gestaltung Ihres Übergangs von der Arbeit zum Urlaub betrifft. Das ist meine individuelle Schlussfolgerung. Die Sache, die auch für Sie gilt, ist eine andere: Auch Sie haben eine Seele, die von Gott in Sie hineingelegt wurde und den innersten Teil Ihrer Persönlichkeit ausmacht. Sie mögen sich Ihrer Seele nur selten bewusst sein. Vielleicht fristet sie in Ihrem Körper sogar ein eher kümmerliches Dasein. Dennoch ist sie da. In gewissen Momenten Ihres Lebens meldet sie sich. Besser gesagt: In Ihrer Seele meldet sich Gott. Denn die vielleicht wichtigsten Lektionen für unser Leben schickt Gott uns nicht durch einen Brief, der vom Himmel fällt. Er schickt sie durch die leisen und lauten Regungen unserer Seele.

Die Seele – vergessen und unterdrückt

In Psalm 66 ruft der Beter: *Kommt, hört zu, alle, die ihr Gott fürchtet, dass ich erzähle, was er* (Gott) *an meiner Seele getan hat* (Elberfelder; Vers 16). In diesem Vers spricht einer, der weiß, wie es um seine Seele steht und wie Gott an ihr gehandelt hat. Die Seele spielt in unserer Glaubensentwicklung eine Schlüsselrolle. Wer Gottes Handeln in seinem Leben und seinen Willen für sich persönlich erkennen will, der muss seine Seele verstehen lernen.

Vielleicht ist das für Sie ein fremder Gedanke. Eine lange Zeit ging es mir ebenso – damals, als ich mir der zentralen Bedeutung der Seele für unser Leben noch nicht bewusst war. Als ich noch nicht verstand, welche wichtige Rolle sie in meiner Gottesbeziehung spielt.

Das irritierende Erlebnis während unseres Campingurlaubs hat mir wieder einmal auf die Sprünge geholfen und mich meine Seele besser verstehen lassen. Es hat mir erneut vor Augen geführt, welche geniale Schöpfung ich als Mensch bin. Gott hat mich mit einer lebendigen Seele beschenkt!

Was genau hat es mit der Seele auf sich? Was meint die Bibel, wenn sie von der Seele spricht? Welche Rolle spielt sie in unserem Leben und in unserem Glauben? Wie können wir mit irritierenden Gedanken und Gefühlen, die sich in unserer Seele melden, umgehen?

Was ist die Seele?

In meinem Buch *Echt und stark* erzähle ich von meinen ersten Entdeckungen in Bezug auf dieses Thema. Während einer Überforderungskrise habe ich vor einigen Jahren begonnen, bewusst über die Rolle der Seele für mein Leben als Christ nachzudenken. Dabei habe ich mit Erstaunen festgestellt, welch zentrale Rolle sie im hebräisch-christlichen Menschenbild der Bibel spielt. Ich möchte an dieser Stelle das dort Gesagte nicht ausführlich wiederholen und beschränke mich auf ein paar entscheidende Leitgedanken.

Die Seele umfasst das Innerste des Menschen. Reif werden bedeutet, dass wir unser Innerstes ernst nehmen und in unseren Glauben an Jesus Christus integrieren. Die Bibel betont, dass wir als Christen ganze, ungeteilte und damit reife Menschen werden sollen. Paulus schreibt davon in Kolosser 1,28:

> *Ihn* (Christus) *verkündigen wir, indem wir jeden Menschen auf den rechten Weg weisen und jeden unterrichten in aller Weisheit, um jeden Menschen als in Christus vollkommen hinzustellen* (ZÜ).

Vielleicht wird der Zusammenhang dieser Bibelstelle mit dem Obengesagten nicht gleich klar, aber ich werde im Folgenden näher erläutern, was ich meine. Wir wissen heute, dass Paulus seine Briefe in der griechischen Koine-Sprache geschrieben hat. Er tat dies, damit die Mehrheit der Menschen im Römischen Reich seine Briefe lesen und verstehen konnten. So verwendete er hier das griechische Wort »teleios«, das die meisten Bibelübersetzungen mit »vollkommen« übersetzen. Das ist sachlich richtig und kann dennoch irreführend sein. Wenn wir lesen, dass Paulus sich dafür einsetzte, dass Menschen in Christus »vollkommen« werden, dann verleitet uns das leicht zur Annahme, Paulus wolle, dass wir moralisch unbescholtene Menschen werden. Beinahe perfekte, brave, jeden Fehler vermeidende und über jeder Versuchung stehende, abgeklärte, fromme Christen. Ein solches Leben ist nicht nur langweilig – es ist auch nicht das, was Gott von uns erwartet. Zu viele Menschen haben sich schon endlos abgemüht im Krampf um die fromme Vollkommenheit. Manche sind daran zerbrochen. Und einige sind dabei stolz geworden, weil sie sich einbilden, sie hätten es tatsächlich geschafft.

> Reif werden bedeutet, dass wir unser Innerstes ernst nehmen und in unseren Glauben an Jesus Christus integrieren.

Paulus hat zwar in griechischer Sprache geschrieben, er selbst war aber durch und durch Jude (siehe Philipper 3,5). Er hat nicht nur perfekt Hebräisch gesprochen, sein Denken, sein Welt- und Menschenbild waren weit mehr im hebräischen Judentum verwurzelt als im griechischen Hellenismus. Dass er seine Briefe in griechischer Sprache verfasste, war für ihn lediglich Mittel zum Zweck. Auf diese Weise konnte er sich möglichst vielen Menschen verständlich machen. Das darf aber nicht darüber hinwegtäuschen, dass Paulus in erster Linie Hebräer und nicht Grieche war.

Das hebräische Denken unterscheidet sich in mancher Hinsicht fundamental vom griechischen.[1] Vor allem das Menschenbild des Hebräers ist ein ganz anderes als das des Griechen. Wenn deshalb Paulus in Kolosser 1,28 von Vollkommenheit schreibt, dann verwendet er dafür zwar das gängige griechische Wort »teleios«, gleichzeitig hat er dabei aber die Bedeutung des entsprechenden hebräischen Wortes »tamim« vor Augen: Wir Menschen sollen in Christus »tamim« werden. Das heißt: »ganz« oder »ungeteilt«. Hier geht es nicht um ein Vollkommenheitsideal oder Perfektionismus. Hier geht es darum, ganz zu werden, darum, dass etwas Zerbrochenes, Geteiltes oder Getrenntes wieder zu einer Einheit zusammengefügt wird. Dazu gehört die Aufhebung des Bruchs zwischen Gott und uns Menschen, eines der großen Themen der Bibel. Hier in Kolosser 1,28 denkt Paulus auch an die Zerrissenheit im Inneren des Menschen, die durch Gottes heilendes, verbindendes Wirken aufgehoben werden soll; an die Trennung zwischen äußerem Verhalten und seelischem Befinden, zwischen dem Körper und dem inneren Menschen; an den Bruch zwischen Leib und Seele, zwischen Tun und Sein. Das entspricht der Aufforderung Gottes an Abraham in 1. Mose 17,1: *Ich bin der gewaltige Gott. Geh einher vor meinem Antlitz! Sei ganz!* (BuRo).

Gott will ungeteilte, ganze Menschen. Ihr äußeres Verhalten soll das widerspiegeln, was in ihrem Innersten ist. Der Hebräer verwen-

1 Siehe dazu das Buch von Thorleif Boman: *Das hebräische Denken im Vergleich mit dem griechischen.* Göttingen: Vandenhoeck & Ruprecht, 5. Auflage, 1968. Dieses Buch ist meines Wissens allerdings nur noch antiquarisch erhältlich.

det zur Bezeichnung des inneren Menschen vor allem zwei Begriffe: Herz (*leb*) und Seele (*näphäsch*), wobei diese beiden Aspekte nicht streng voneinander zu trennen sind. Es sind lediglich zwei verschiedene Beschreibungen für das, was in uns ist. Herz und Seele bilden den Kern des Menschen. Zusammen mit dem Körper sind sie das, was eine Persönlichkeit ausmacht. Das heißt: Der Hebräer sieht den gesunden Menschen als eine Einheit. Das Äußere (Leib) und das Innere (Herz, Seele) bilden zusammen ein ungeteiltes Ganzes. So hat Gott sich den Menschen gedacht und geschaffen.

Gott will ungeteilte, ganze Menschen. Ihr äußeres Verhalten soll das widerspiegeln, was in ihrem Innersten ist.

Wenn man den Begriff »Seele« auf seine biblische Bedeutung hin untersucht, entsteht ein buntes, reiches Bild dessen, was unseren inneren Menschen ausmacht[2]:

Die Seele bringt unsere *Emotionen* hervor. Freude, Frustration, Angst, Unsicherheit, Geborgenheit, Zufriedenheit, Minderwertigkeit, Ärger, Wut usw. Die ganze Palette dessen, was ein Mensch in seinem Inneren empfinden kann, gehört dazu. All diese Gefühle formen sich in unserer Seele. Durch sie nehmen wir erst wahr, dass wir eine Seele haben.

In der Seele finden sich weiter unsere *Verlangen und Begehren*: Dinge, die wir uns wünschen. Unsere sexuellen Regungen zum Beispiel. Aber auch Ziele, die wir anstreben, und Absichten, die uns steuern; sowohl gute als auch fragwürdige.

2 Siehe dazu mein Buch *Echt und stark: Kraftvoll glauben – Tiefgang finden.* Wuppertal: R. Brockhaus Verlag, 2007, Seiten 25-30. Wenn Sie sich ausführlicher mit dem jüdischen Menschenbild auseinandersetzen möchten, empfehle ich Ihnen die sorgfältige Studie von Hanns Walter Wolff: *Anthropologie des Alten Testaments.* München: Chr. Kaiser Verlag, 1990.

Die Seele, das ist unser *Verstand*: die Fähigkeit, zu denken, zu planen, zu berechnen, logische Schlussfolgerungen zu ziehen, komplizierte Zusammenhänge zu durchschauen.

In der Seele sind schließlich auch unsere *Ziele und Absichten* verborgen: unsere Motive, die hinter unserem Handeln stehen. Die geheimen, oft uns selber verborgenen Gründe, weshalb wir etwas denken, etwas tun, oder auch nicht tun.

Wenn ein Mensch zum Glauben an Christus findet, fängt die Erneuerung des von der Sünde zerrissenen, geteilten Menschen an. Christus beginnt, ihn zu einem ganzen, ungeteilten Menschen wiederherzustellen. Um dieses Ziel zu erreichen, müht sich Paulus gemäß seiner Aussage in Kolosser 1,28 unermüdlich ab. Sein Verkündigen, Ermahnen und Lehren sollen dazu beitragen, dass Menschen in Christus ungeteilt und ganz werden. Denn so hat Gott sie sich gedacht. Die Erneuerung, die Gott uns schenken will, möchte unsere Ganzheit wiederherstellen. Überall dort, wo etwas in oder an uns geteilt, zerrissen oder abgespalten wurde, beginnt Gott, zu verbinden und wiederherzustellen.

Wenn ein Mensch zum Glauben an Christus findet, fängt die Erneuerung des von der Sünde zerrissenen, geteilten Menschen an. Christus beginnt, ihn zu einem ganzen, ungeteilten Menschen wiederherzustellen.

Ungeteilt sein heißt: Wo zwischen unserem Körper und unseren Empfindungen eine Trennung entstanden ist, lernen wir nun, unterstützt von der Kraft des Heiligen Geistes, diese Trennung zu überwinden. Gottes Absicht für uns ist, dass wir zu Menschen werden, die ihre Gefühle wahrnehmen lernen. Die es zulassen, dass Gott ihren negativen Emotionen begegnet und sie verändert. Gott möchte uns dabei helfen, gute, normale Empfindungen, die zu unserem Menschsein gehören, anzunehmen und zu ihnen zu stehen.

Ungeteilt sein heißt, uns mit unseren schwierigen Gefühlen auseinanderzusetzen, statt sie zu unterdrücken. Denn gerade irritierende Emotionen weisen uns auf wichtige Wachstumslektionen hin, die Gott uns lehren möchte. (Mein emotionales Tief auf dem Campingplatz war ein Beispiel dafür.)

Ungeteilt sein hat ferner Auswirkungen auf unsere Beziehungen. Wir werden zu Menschen, die sich vor anderen weniger verstellen. Wir werden zu Menschen, die sich nicht mehr dazu drängen lassen, Dinge zu tun, die sie nicht für richtig halten. Wir werden frei vom Zwang, eine Rolle zu spielen, die gar nicht zu uns passt und nicht dem entspricht, wer wir eigentlich sein wollen und sollen. Die Diskrepanz zwischen unserem Fühlen und Reden wird kleiner. Wir werden zu Menschen, die anderen gegenüber artikulieren können, was sie in ihrem Innersten beschäftigt. Wir werden zu Menschen, die es immer weniger nötig haben, andere mit ihren Worten über das hinwegzutäuschen, was sie wirklich empfinden.

Ungeteilt sein und glauben heißt, Gottes Geist zu erlauben, den Abstand zwischen unserem religiösen Verhalten und unseren tatsächlichen Überzeugungen und Empfindungen zu überwinden. Er möchte uns zu Menschen machen, die echt und ehrlich zu beten beginnen. Zu Menschen, welche die Worte der Bibel in das Innerste ihres Herzens hineinlassen und sich von ihnen verändern lassen. Menschen, für die das Feiern eines Gottesdienstes, eine Zeit der Anbetung oder die Mitarbeit im Reich Gottes nicht mehr eine Alibiübung zur Beruhigung fremder Erwartungen oder des eigenen schlechten Gewissens ist. Ein ganzer Mensch zu werden bedeutet, dass wir beginnen, diese Dinge mit Überzeugung und von ganzem Herzen zu tun – für Gott und für andere Menschen.

Die Kluft zwischen Spiritualität und Seele überwinden

Viele Christen leiden unter der Trennung zwischen ihrer Spiritualität – also ihrem Glaubensleben – und ihrer Seele. Zwischen geistlicher Übung und innerster Wahrhaftigkeit. Zwischen Engagement für Gott und Erneuerung des inneren Menschen.

Ich habe selber lange Zeit als geteilter Mensch gelebt. Ich habe mich in den klassischen geistlichen Disziplinen ausgekannt und sie mit Überzeugung praktiziert: Gebet, Einsamkeit, Hören auf Gott, Studium und Meditation der Bibel, Stille, Dienst, Gemeinschaft – und wie sie alle heißen. Gleichzeitig habe ich erfolgreich viele Regungen meiner eigenen Seele nicht beachtet. Ich betrachtete sie als nicht relevant für meinen Glauben. Eher als störend und hinderlich. Und so habe ich sie zurückgehalten, unterdrückt und verleugnet. Das hat in meinem Leben manchen Schaden angerichtet. Ich habe beispielsweise kaum realisiert, wie sehr meine Arbeit für Gott vom Bedürfnis nach Anerkennung geprägt war. Oder dass ich mich von Entmutigung und Kritik zu unguten Reaktionen habe verleiten lassen. Einige meiner früheren Predigten waren nicht viel mehr als ein Versuch, eigenen Ambitionen mit biblischer Schützenhilfe zum Durchbruch zu verhelfen. Ich war mir dieser Dinge aber nicht bewusst, weil ich meine eigene Seele zu wenig kannte und durchschaute.

Heute weiß ich: Meine Seele ist Gott wichtig. Gott hat mich als Mensch mit Empfindungen, Gefühlen und Wünschen geschaffen.

Heute weiß ich: Meine Seele ist Gott wichtig. Gott hat mich als Mensch mit Empfindungen, Gefühlen und Wünschen geschaffen. Dass ich Ziele verfolge, Absichten habe, dass ich planen und denken kann, ist ein Ausdruck davon, dass ich eine lebendige Seele habe. Und was sich dort regt, darf ich vor Gott ausbreiten. Ich kann mit ihm darüber reden, auch über die dunklen Seiten. Es ist gut, meine Seele wahrzunehmen und sie vor Gott und mir selbst nicht zu verstecken. Ich soll ja ein Mensch werden, der in Christus »tamim« wird. Ungeteilt. Der als ganzer Mensch vor Gott lebt. Mit allem, was in seinem Innersten schlummert und sich dort tummelt. Gott will meine Seele nicht abtöten. Im Gegenteil: Ich darf mit allem, was in mir ist, zu Gott kommen.

Dieser Gedanke bereitet manchen Christen Mühe, weil sie in ihrer Seele manches wahrnehmen, was ihnen nicht gefällt. Es ist tatsächlich so: Unsere Seele besteht immer aus einem schwer zu entwirrenden Knäuel von guten und weniger hilfreichen Emotionen. Manche unserer Ziele und Absichten sind lauter und motivieren uns zu guten Taten. Andere sind eher fragwürdig und führen dazu, dass wir uns selbst und anderen schaden. Manches von dem, was ich mir wünsche und begehre, ist von Gott so in mich hineingelegt. Andere Verlangen machen mich zu einem egoistischen, ruhelosen Menschen. Manches von dem, was ich denke, ist gut, wahr und konstruktiv. Anderes ist fehlgeleitet, gemein und vielleicht sogar niederträchtig. In unserer Seele wohnt immer beides: Regungen, die Gott so gewollt hat, und Regungen, die ihre Wurzeln in unserem selbstsüchtigen Wesen haben.

Es mischt sich also Gutes mit Ungutem. Diese Mischung ist meistens so komplex, dass wir sie selber kaum durchschauen können. Es gibt keinen, der nur reinste Motive hat, wenn er etwas für Gott tut. Andererseits können hinter einer vorwiegend selbstbezogenen Absicht gleichzeitig Beweggründe stecken, die durchaus dem Willen Gottes entsprechen. Ein Musiker, der im Gottesdienst spielt, kann vom Wunsch getrieben sein, sich selbst darzustellen und Anerkennung zu bekommen. Gleichzeitig ist aber auch der Wunsch in seinem Herzen, Gott und Menschen mit seiner Musik zu dienen.

Ich will damit sagen: Unsere Seele besteht immer aus einem Bündel von schönen, guten, gottgewollten Eigenschaften und gleichzeitig einem Bündel von Hässlichkeiten und unguten Regungen. In derselben Seele finden sich Wahrheit, Schönheit, Gottebenbildlichkeit, aber gleichzeitig eben auch Lüge, Verzerrung und Niedertracht.

Das ändert jedoch nichts daran, dass unsere Seele von Gott geschaffen ist. Sie ist gut, sie ist schön, sie ist gewollt, wie alles, was seinen Ursprung in Gott hat. Gleichzeitig hat jede Seele ihr Leck. In ihr tummeln sich neben guten Empfindungen immer auch unbegründete Ängste, Befürchtungen, irrige Schlussfolgerungen, selbstsüchtige Erwartungen und ungestillte Sehnsüchte.

Es ist nicht unsere Aufgabe, unsere Seele von allem Unguten zu befreien, damit wir lautere, moralisch unantastbare Christen werden. Diesem Irrtum verfallen viele. Sie pflegen eine endlose Innenschau und versuchen, das Gute und Ungute in ihrer Seele zu sortieren und fein säuberlich zu trennen. Dabei unterläuft ihnen oft der Fehler, dass sie gute Empfindungen und Wünsche als schlecht einstufen und umgekehrt. Auf diese Weise entstanden im Verlaufe der Kirchengeschichte zahlreiche Bewegungen, welche die Sexualität verteufelten und den Stolz rechtfertigten. Legitime Empfindungen wurden zu verabscheuungswürdigen Trieben erklärt. Nicht wenige verzweifeln bei diesem Versuch, ihre Seele von allen schlechten Regungen zu befreien und zu heiligen.

Es ist nicht unsere Aufgabe, unsere Seele von allem Unguten zu befreien, damit wir lautere, moralisch unantastbare Christen werden.

Wer ehrlich ist, merkt, dass es gar nicht möglich ist, die eigene Seele von all dem zu befreien, was Gott nicht gefällt. Viele begehen aufgrund dieser Erkenntnis nun aber einen anderen Fehler: Sie verdrängen die dunklen Seiten ihrer Seele. Sie verbannen sie aus ihrem Bewusstsein, um sich nicht länger mit ihnen auseinandersetzen zu müssen. Sie verstecken und unterdrücken allen Ärger, alle unbändige Lust und Frustration. Sie verbergen diese Emotionen vor sich selbst, vor Gott und natürlich auch vor ihren Mitmenschen. Mit der Folge, dass sie von anderen oft als unnatürlich fromme, aufgesetzt fröhliche, letztlich aber unnahbare »Christen« wahrgenommen werden, die scheinbar alles im Griff und nie ein Problem haben.

Ungeteilt glauben heißt gerade nicht, unsere Seele von all den Regungen und Empfindungen zu entrümpeln, die uns unangenehm sind oder unpassend erscheinen. Unsere Aufgabe ist es nicht, uns selbst zu verbessern. Gott gibt uns nirgends den Auftrag, aus uns heraus die unschönen Seiten unseres Inneren zu beseitigen. Das will er selber tun. Unsere Aufgabe ist eine andere: Wir sollen ungeteilt vor Christus leben. Wir sollen ungeteilt glauben. Dazu gehört, dass wir Gott nicht länger vorenthalten, was sich in unserer Seele tummelt. Vielmehr sollen wir lernen, unsere Seele und alles, was in ihr ist, vor Gott zu öffnen und vor ihm auszubreiten.

Ungeteilt glaubt, wer nicht mehr trennt zwischen Spiritualität und Seele. Wer es lernt, seine Seele und das, was in ihr ist, vor Gott offenzulegen. Ungeteilt glauben heißt, unserer Seele einen festen Platz in den Übungen und Disziplinen zu geben, die Teil unserer Spiritualität sind. Dann kann unsere Seele die Erneuerung erfahren, die sie braucht. Gott wird beginnen, sich um sie zu kümmern. Er wird sie liebevoll korrigieren, verändern und in gute Bahnen lenken. Gleichzeitig wird er die guten Seiten unserer Seele festigen. Wie können wir diesem Wirken Gottes an uns Raum geben?

Wie wir mit unserer Seele gut umgehen können

Wenn wir ungeteilt glauben wollen, müssen wir zwei Dinge einüben. Es geht zum einen darum, dass wir lernen, wie wir unsere Seele vor Gott öffnen und die darin vorhandenen Empfindungen, Gefühle, Absichten, Sehnsüchte und Gedanken vor ihm ausbreiten können. Als Zweites sollten wir lernen, Empfindungen, die uns irritieren, als Hinweise dafür zu verstehen, dass Gott uns eine wichtige Lektion lehren möchte.

Die Seele vor Gott öffnen

Für die Juden des Alten und Neuen Testaments war es selbstverständlich, dass sie all ihre Empfindungen und Gefühle vor Gott offenlegten, auch die unguten, vermeintlich falschen und verkehrten. Im Gegensatz zu manchen christlichen Kreisen heute gab es im Judentum keine Lehre, kein Dogma, kein geschriebenes oder ungeschriebenes Gesetz, das diese totale Ehrlichkeit vor Gott als ungeistlich oder verkehrt abtat. Im Gegenteil: Es war für den Juden geradezu ein Ausdruck seines glaubenden Vertrauens Gott gegenüber, wenn er seine ganze Seele, mit allem Schönen und Unschönen, was sich in ihr befand, vor Gott ausbreitete. Davon zeugen all jene Schriften und Abschnitte der Bibel, die uns einen Einblick in die Art und Weise geben, wie Juden ihre persönliche Gottesbeziehung gestalteten.

Eine Fundgrube diesbezüglich sind die Psalmen. Hier finden wir zahllose Gebete, die uns einen intimen Einblick in die Art und Weise geben, wie die Juden ihre Seele vor Gott öffneten. Gleich an mehreren Stellen finden wir dort die Wendung: *Zu dir, Herr, erhebe ich meine Seele!* (Psalm 25,1; 86,4; 143,8; Elberfelder).

Meine Seele vor Gott öffnen bedeutet also gerade nicht, als geläuterter Mensch lauter geistliche, schöne und korrekte Dinge zu sagen.

Das ist eine Schlüsselformulierung, denn sie zeigt uns, dass der hebräisch geprägte Mensch ganz selbstverständlich die Dinge vor Gott ausbreitet, die in seiner Seele sind: seine Emotionen, seine Wünsche, seine Sehnsüchte, sein Verlangen, seine Gedanken – die schönen, guten, edlen, aber auch alle unguten, verkehrten und kranken Seiten seiner Seele. Der Hebräer weiß: Dies alles darf ich Gott sagen. Ich muss nicht zuerst das Negative und Unschöne aussortieren, um mich danach nur mit meinen frommen Seiten vor Gott zu präsentieren. Nein, Gott will mich so, wie ich wirklich bin, nicht wie ich meine, dass ich sein sollte. Deshalb: Zu dir, Herr, erhebe ich meine Seele!

Meine Seele vor Gott öffnen bedeutet also gerade nicht, als geläuterter Mensch lauter geistliche, schöne und korrekte Dinge zu sagen. Meine Seele zu Gott hin erheben bedeutet, mit allem Positiven und mit allem Mist, der in meiner Seele ist, vor Gott zu sein und mich vertrauensvoll in seine Arme zu werfen.

Während meine Gebete früher vor allem von schönen Worten geprägt waren, rede ich heute ungeschützter und ehrlicher mit Gott. Da kann es vorkommen, dass ich meinen Ärger kundtue. Dass ich klage oder meiner Wut über eine misslungene Sache Luft mache. Ich bin mir bewusst, dass diese Worte weder schön noch richtig und oft auch gar nicht wirklich gerechtfertigt sind. Weil sich diese Dinge aber in meiner Seele regen, verstecke ich sie nicht, sondern bringe sie Gott. Ich spreche mich aus und bitte ihn, sich dieser Empfindungen meiner Seele anzunehmen.

Die folgende in einem Psalm formulierte Bitte macht deutlich, dass Gott sich besonders für die schwachen, ungelösten und zerbrochenen Seiten unserer Seele interessiert. Nicht nur das; er kümmert sich sogar in besonderer Weise um sie: *Als viele unruhige Gedanken in mir waren, beglückten deine Tröstungen meine Seele* (Psalm 94,19; ELB).

Wörtlich übersetzt heißt es im zweiten Teil dieses Verses: ... *da liebkosten deine Tröstungen meine Seele.* Das ist eine gewaltige Zusage, denn sie macht deutlich: Gott möchte gerade unseren Ängsten, Befürchtungen, unserer Panik, unseren verletzten Gefühlen und kranken Empfindungen begegnen, egal, ob diese nun berechtigt sind oder nicht. Er erwartet nicht, dass wir allezeit perfekt, voller Glauben, befreit von jedem Zweifel und jeder Angst sind. Im Gegenteil: Richtig helfen kann Gott nur demjenigen, der weiß, dass er alles andere als perfekt ist. Richtig eingreifen, sich als Gott, Helfer und Erlöser erweisen kann er sich nur dem gegenüber, der in der Tinte sitzt, alles falsch gemacht hat und zu Gott um Erbarmen schreit. Alle anderen wissen sich ja doch selber zu helfen, oder meinen es zumindest (vgl. Matthäus 9,12-13).

> Wer seine Seele ehrlich vor Gott öffnet, den erwartet kein Strafgericht, sondern die Barmherzigkeit eines verständnisvollen, barmherzigen und vergebenden Vaters.

Unsere Spiritualität mit unserer Seele in Einklang zu bringen, fängt also damit an, der Realität, die wir in uns vorfinden, in die Augen zu blicken. Wir beginnen, das zu benennen und zuzulassen, was in unserer Seele tatsächlich vorhanden ist. Und wir beginnen genau das, was wir dort finden, vor Gott zu bringen, damit er sich darum kümmern kann. Wir überlassen unsere Seele den »liebkosenden Tröstungen« Gottes, von denen in Psalm 94,19 die Rede ist.

Damit ist eine wichtige Frage noch nicht beantwortet: Was aber geschieht mit all den unerfreulichen Seiten unseres Inneren? Mit all den krankhaften, verzerrten, von Sünde, Egoismus und Verletzungen gekennzeichneten Äußerungen unserer Seele? Sollen wir uns einfach mit ihnen abfinden und diese Seiten munter weiter ausleben?

Auch hier hilft uns ein Psalm weiter. In Psalm 103,1-4 schreibt David:

> *Lobe den Herrn, meine Seele, und alles, was in mir* (in meiner Seele) *ist, seinen heiligen Namen. Lobe den Herrn, meine Seele, und vergiss nicht, was er dir* (Seele) *Gutes getan hat. Der all deine Schuld vergibt und alle deine Krankheiten heilt, der dein Leben aus der Grube erlöst, der der dich* (Seele) *krönt mit Gnade und Erbarmen* (ZÜ; Einfügungen in Klammern durch den Autor).

Hier wird uns gesagt, dass Gott allem, was in unserer Seele ist, voller Liebe und Gnade begegnet. Wer seine Seele ehrlich vor Gott öffnet, den erwartet kein Strafgericht, sondern die Barmherzigkeit eines verständnisvollen, barmherzigen und vergebenden Vaters. Er krönt die Seele mit seiner Liebe und Gnade.

Das Neue Testament ergänzt und vervollständigt dieses Bild auf eine geradezu geniale Weise. Während das Alte Testament uns Mut macht, unsere ganze Seele im Vertrauen auf Gottes Gnade vor ihm zu öffnen, zeigt uns das Neue Testament noch klarer, was Gott mit den Aspekten unserer Seele macht, die alles andere als schön, ideal, richtig und gesund sind. So schreibt etwa Paulus in 1. Korinther 1,30: *Er* (Gott) *hat es aber gefügt, dass ihr in Christus Jesus seid, der unsere Weisheit wurde, dank Gott, unsere Gerechtigkeit und Heiligung und Erlösung* (ZÜ).

Wenn ein Mensch mit Leib und Seele zu Jesus Christus gehört, dann ist die für ihn gültige Realität nicht mehr bestimmt von seinen Fehlern, Unvollkommenheiten und Mankos. Für ihn gilt dann nur noch das, was Jesus Christus für ihn wurde und für ihn tat. Er gilt als gerecht, als geheiligt, als erlöst. Das gilt auch für alle hässlichen

Seiten seiner Seele. Denn mittendrin thront unübersehbar einer: Jesus Christus. Er breitet über unsere Unvollkommenheiten seine Gerechtigkeit. Seine Annahme. Seine Vergebung und Barmherzigkeit.

»Christus ist meine Gerechtigkeit« – das war das entscheidende Schlagwort der Reformation im 16. Jahrhundert. Und es ist auch heute der entscheidende Rettungsanker für alle, die ihre Seele ungeschönt und ehrlich vor Gott ausbreiten. Wir können und dürfen das tun, weil über allem Ungelösten, Fehlerhaften und Hässlichen eine viel wirkungsvollere, stärkere Realität steht: »Christus ist meine Gerechtigkeit!« Wie oft sage ich diesen Satz betend vor mich hin. Er ist mir im Umgang mit meinen Grenzen, Fehlern und Unmöglichkeiten zum Rettungsring geworden, an dem ich mich festklammere, wenn ich Gott wieder einmal Einblick gebe in das, was da noch in meiner Seele ist. Christus ist am Kreuz mit meiner Unvollkommenheit fertig geworden. Er hat die damit verbundene Anklage und Verurteilung aufgehoben und lässt mich als Gerechter vor Gott stehen:

> *So erweist Gott seine Gerechtigkeit durch die Vergebung der Sünden ... er erweist seine Gerechtigkeit in der gegenwärtigen Zeit, um zu zeigen, dass er gerecht ist und den gerecht macht, der an Jesus glaubt* (Römer 3,25b-26; EU).

> *Er hat den Schuldschein, der gegen uns sprach, durchgestrichen und seine Forderungen, die uns anklagten, aufgehoben. Er hat ihn dadurch getilgt, dass er ihn an das Kreuz geheftet hat* (Kolosser 2,14; EU).

Die dunklen Seiten unserer Seele überwinden wir nicht dadurch, dass wir ihnen selber den Kampf ansagen. Wir überwinden sie, wenn wir sie Gott hinhalten und vertrauensvoll gelten lassen, dass wir mit und trotz ihnen von Gott begnadigte und gerecht gemachte Menschen sind – alleine deshalb, weil wir zu Jesus gehören. Er, nicht wir, wird mit unseren dunklen Seiten fertig. Wir dürfen sie Gott überlassen und feiern, wer wir in seinen Augen sind: Gerechte, Heilige, Geliebte, Erlöste und Beschenkte Gottes (vgl. Kolosser 3,12a;

Römer 9,25 und Judas 1). Er heilt, befreit, löst, verwandelt, macht neu, korrigiert – wir brauchen ihm bloß die Erlaubnis dafür zu geben.

Das bedeutet nicht, dass wir im Blick auf unsere Fehler und Schwächen in Untätigkeit verfallen und dies auch noch mit frommen Worten rechtfertigen sollen. Unsere Seele vor Gott zu öffnen, verlangt uns etwas ab. Wir verharren nicht in Passivität, wenn wir die unschönen Seiten unseres Inneren Gott überlassen. Es ist mit aktiven Schritten verbunden, die diesen Prozess begleiten. Gebet gehört dazu. Die Inanspruchnahme von Begleitung durch Berater, Seelsorger und Freunde ist ein weiterer Ausdruck davon, dass ich Gott an die dunklen Seiten meiner Seele heranlasse. Daran festzuhalten, dass Christus meine Gerechtigkeit ist, und mir das von Menschen immer wieder zusprechen zu lassen, ist ein weiterer Bestandteil dieses Prozesses. Wir sind darin nicht passiv, sondern engagiert und zielorientiert. Wir stellen uns aktiv der Herausforderung, Gottes Möglichkeiten und Zusagen in Anspruch zu nehmen.

> Die dunklen Seiten unserer Seele überwinden wir nicht dadurch, dass wir ihnen selber den Kampf ansagen. Wir überwinden sie, wenn wir sie Gott hinhalten und vertrauensvoll gelten lassen, dass wir mit und trotz ihnen von Gott begnadigte und gerecht gemachte Menschen sind.

Die Reaktionen meiner Seele als Reden Gottes verstehen

Wir haben gesehen: Ungeteilt glauben heißt, die Trennung zwischen unserer Spiritualität (den klassischen geistlichen Übungen wie Gebet, Umgang mit der Bibel, Hören auf Gott, Dienst für Gott usw.) und unserer Seele zu überwinden. Dazu gehört eine zweite Aufgabe. Sie besteht darin, in gewissen Reaktionen meiner Seele die Lektionen zu erkennen, die Gott mich durch sie lehren möchte.

Unsere Seele reagiert auf alle wichtigen Ereignisse in unserem Leben mit Emotionen. Mit Empfindungen und Gefühlen. Einige davon sind gut und hilfreich, andere sind es nicht. Manche dieser

Reaktionen meiner Seele geben mir einen Hinweis auf wichtige Lektionen, die Gott mich lehren möchte. Sie sind ein Reden Gottes zu mir; ein Wink, der mir bewusst machen will, wie Gott ermutigend, klärend oder verändernd an mir wirken will.

Nehmen wir als Beispiel meinen Campingferien-Blues. Meine Seele meldete sich lautstark, weil sie mit diesem abrupten Wechsel von herausfordernder Arbeit zum puren Nichtstun nicht umgehen konnte. Sie machte sich durch starke Emotionen, die in mir hochstiegen, bemerkbar: Selbstzweifel, Verunsicherung, lähmende Gedanken. Das war eigentlich eine Einladung, einen Blick unter die Oberfläche meiner aktuellen Lebenssituation zu werfen. Hier hatte Gott eine Lektion für mich bereit, die etwas zu tun hatte mit meinem Selbstwert und damit, wie ich mein Leben hilfreich gestalten kann. Ich habe diesen Wink damals nicht verstanden. Ich erkannte in dem, was mit mir geschah, keine potenzielle Lektion Gottes für mich. Die Signale meiner Seele waren mir einfach nur lästig, und ich versuchte, sie zu verdrängen. Ich fühlte mich meinen dunklen Emotionen hilflos ausgeliefert, und so war es auch tatsächlich, weil ich Gottes Reden nicht verstand und nicht auf ihn reagierte. (Fragen Sie einmal meine Familie, wie es für sie war, mich in diesem Zustand zwei Wochen auszuhalten ...) Erst, als ich mit meinem Mentor über diesen Urlaub nachdachte, verstand ich, was hier eigentlich abgelaufen war.

> Manche Reaktionen meiner Seele wollen mir etwas sagen und mich etwas lehren. Ich werde in meiner Beziehung zu Gott einen wichtigen Schritt weiterkommen, wenn ich mich auf sie einlasse.

Bei dieser Campinggeschichte meldete sich meine Seele sehr massiv und lautstark. Meistens reagiert unsere Seele jedoch viel leiser auf die Ereignisse unseres Alltags. Das heißt: Normalerweise bieten sich uns die Lektionen Gottes unspektakulärer an. Es ist darum relativ leicht, sie zu überhören und zu verdrängen. Umso wichtiger ist es darum, dass ich weiß und verstehe: Manche Reaktionen meiner Seele wollen mir etwas sagen und mich etwas lehren. Ich werde in meiner Beziehung zu Gott einen wichtigen Schritt weiterkommen, wenn ich mich auf sie einlasse. Dieses Bewusstsein hilft mir, offener auf sie zu reagieren.

Es gibt Tage, an denen Gott gleich mehrere solche Lektionen für mich bereithat. Dann wieder gibt es länger nichts Besonderes oder Neues zu lernen. Ich erinnere mich an eine Zeit, in der ich sehr missmutig und schlecht gelaunt aufgestanden bin. Manchmal hatte das mit zu wenig Schlaf zu tun. Dann brauchte ich nicht lange nach verborgenen Lektionen Gottes zu suchen – es war ziemlich klar, woran es lag: »Geh früher ins Bett!« Manchmal aber wurde mir bewusst, dass es einen Zusammenhang gab zwischen den Ereignissen am vorangehenden Abend und der Art und Weise, wie es mir am Morgen beim Aufstehen ging.

Da war zum Beispiel eine Sitzung am Abend zuvor. Es ging um einen wichtigen Tagesordnungspunkt. Ich hatte dort einen Vorschlag im Blick auf unsere Gemeindearbeit eingebracht, der mir sehr am Herzen lag. Der Gemeindevorstand reagierte skeptisch. Es gab Bedenken. Eine Person machte einen Witz, der mich irritierte. Ich schob meine Verunsicherung beiseite und wir diskutierten weiter. Am nächsten Morgen schoben sich die dort bei mir entstandenen Emotionen wieder an die Oberfläche und verursachten in mir eine miese Stimmung. Es dauerte eine Weile, bis ich begriff, dass es einen Zusammenhang gab zwischen den Ereignissen des Vorabends und meinen Emotionen am darauffolgenden Tag.

In diesem konkreten Fall war es so, dass eine an sich normale und häufig vorkommende kleine Irritation im Verlauf einer Sitzung bei mir seltsame und negative Empfindungen hervorrief. Bei der Sitzung selbst hatte ich sie erfolgreich verdrängt (wir Männer können das super!). Jetzt am nächsten Morgen meldeten sie sich wieder. Unter der Oberfläche meiner Verstimmtheit erkannte ich einige konkrete Gefühle: Meine Seele interpretierte die Reaktion meiner Kollegen als Zurückweisung: »Sie schätzen dich nicht.« – »Sie untermauern diese Sache, weil sie sich nicht hinter deine Anliegen für die Gemeinde stellen können oder wollen.« Dazu kamen Minderwertigkeitsgefühle: »Du schaffst es nicht, Menschen zu begeistern und zu führen.« Und der Ärger: »Wir haben wohl nicht dieselbe Sicht und Vision im Blick darauf, wie Gemeinde aussehen soll.« – »Es ist so mühsam, dass wir nicht fähig sind, wirklich mutige Entscheidungen zu treffen!«

Dieses Bündel von Empfindungen und Gedanken steckte also hinter meiner miesen Stimmung (von der wiederum meine Familie am Frühstückstisch ein paar Seitenhiebe abbekam!). Und nun begann ich, zu verstehen: Hier hat Gott eine Lektion für mich bereit! Zu diesen Gefühlen hat er eine ganze Menge zu sagen! Er hat eine Antwort auf dieses Gefühl der Zurückweisung. Auch auf mein Gefühl der Minderwertigkeit. Ebenso auf meine Gefühle des Ärgers und der Ungeduld. Hier kann ich viel lernen!

Ich habe in den letzten Jahren angefangen, irritierende Momente und seltsame Gefühle als Chancen zu begreifen. Als Möglichkeiten, den Empfindungen meiner Seele die Antwort entgegenzuhalten, die Gott für sie hat. Ich möchte, dass meine Seele mit dem vertraut wird, was Gott ihr zu sagen hat. Und so habe ich mir angewöhnt, Gott zu suchen, wenn sich meine Seele meldet. Dann öffne ich sie bewusst vor ihm und beginne, alle diese guten und hässlichen Emotionen vor ihm auszubreiten. Gleichzeitig frage ich ihn: »Was ist deine Antwort auf dieses Gefühl in mir? Was sagt dein Wort zu einem Menschen wie mir, der sich zurückgewiesen und ungeliebt fühlt?« Dann suche ich in der Bibel nach einer möglichen Antwort. Wenn ich nicht weiterkomme, spreche ich mit einem meiner Freunde oder Mentoren. Ich kann mich nicht erinnern, dass Gott nicht auf irgendeine Weise mit einem weiterführenden Impuls geantwortet hätte. Das bestätigt mir: Wenn die Seele sich meldet, hat Gott eine Lektion bereit. Er wartet nur darauf, dass ich das begreife und beginne, nach ihr zu fragen.

Vielleicht sieht Ihr Leben ganz anders aus. Wenn Sie beispielsweise Single sind, meldet sich Ihre Seele vielleicht in ganz anderen Momenten. Vielleicht dann, wenn Sie nach der Arbeit nach Hause in Ihre Wohnung kommen. Hinter Ihnen liegt ein stressiger Tag, vor

Ihnen eine leere, leblose Wohnung. Niemand da zum Reden. Keiner, der sich für das interessiert, was Sie beschäftigt, kränkt oder stresst. Einmal mehr liegt ein öder Abend vor dem Fernseher oder Computer vor Ihnen, der, wenn er vorbei ist, in Ihrem Inneren ein dumpfes Gefühl der Sinnlosigkeit hinterlässt. In stillen Momenten, in denen Sie im Bett liegen und nicht schlafen können, tauchen diese Gefühle auf, von Gott links liegen gelassen zu werden. Sie empfinden Schmerz und Trauer, wenn Sie an die Familien Ihrer Kollegen und Freunde denken, die jetzt nicht alleine sind. Sie haben jemanden zum Kuscheln, zum Lachen, zum Erzählen. Sie nicht ...

Die Gefühle, die sich in solchen Momenten in Ihnen melden, sind von Bedeutung! Es sind genau solche Empfindungen, die Sie auf eine Lektion hinweisen, die Gott für Sie bereithat. Öffnen Sie sich dafür. Suchen Sie nach der Wahrheit Gottes, die Ihnen in dieser Situation weiterhelfen kann. Es wird kein oberflächlicher Trost oder eine abgedroschene Floskel sein. Er wird Ihnen neue Klarheit, neuen Halt, neue Zuversicht und Hoffnung geben. Suchen Sie nach den Perspektiven, die er für Sie bereithält, die Sie aber bisher noch nicht sehen konnten!

> Wenn die Seele sich meldet, hat Gott eine Lektion bereit. Er wartet nur darauf, dass ich das begreife und beginne, nach ihr zu fragen.

In manchen Fällen haben die schmerzhaften Reaktionen meiner Seele ihren Ursprung in meinen Wunden der Vergangenheit. Ich gehe im nächsten Kapitel näher darauf ein. An dieser Stelle nur so viel: Wenn meine Seele aufgrund einer tieferen Verletzung irritiert ist und mit negativen Gefühlen reagiert, dann ist es besonders wichtig, dass sie lernt, den Lektionen Gottes für sie zu vertrauen. Denn nur so erfährt meine angeschlagene Seele Heilung und wird stark in Gottes Zusagen und Wahrheiten.

Die Seele in die Spiritualität einbetten

Ich kann mir vorstellen, dass einige beim Lesen dieses Kapitels Bedenken bekommen haben. Sie stellen sich Fragen wie: »Fange ich nicht an, um mich selbst zu kreisen, wenn ich beginne, die Regungen und Empfindungen meiner Seele ernst zu nehmen?« – »Verkommen der Glaube und die Nachfolge von Jesus Christus damit nicht zu einer auf mich selbst fixierten Gefühlsduselei?« Wenn ich irgendwo über dieses Thema spreche, begegnen mir manchmal solche Einwände. Meine Antwort darauf ist folgende:

Erstens haben wir gesehen, dass die Bibel selbst an vielen Stellen betont, wie wichtig es ist, die Regungen unserer Seele nicht von unserem Glauben abzuspalten. Im biblisch-jüdischen Menschenbild weiß man um die schädlichen Folgen, die es haben kann, wenn wir die Dinge zurückhalten, die in unserer Seele sind. David selbst schreibt, wie sehr es ihm zusetzt, wenn er das Ungute, das in ihm ist, vor Gott verbergen will: *Als ich schwieg, zerfielen meine Gebeine durch mein Gestöhn den ganzen Tag* (Psalm 32,3; Elberfelder).

Zweitens: Wenn sich Ihr Glaube darin erschöpft, dass Sie nur noch auf die Stimme Ihrer Seele zu hören versuchen, dann ist das tatsächlich ein irregeführter Glaube. Nachfolge von Christus bleibt nie dabei stehen, dass ich meine Seele vor Gott ausbreite und sie in meine Spiritualität einbeziehe. Ein ehrliches, transparentes Leben mit Gott erschöpft sich nicht darin. Aber es ist eine wesentliche Grundlage davon. Gott wird auf diese Offenheit und Echtheit antworten und sich so Zugang zu meinem Innersten verschaffen, um mich als ganze Person für seine Ziele einzusetzen. Dass ich auf diese Weise von lähmenden Kräften, von Schuld, unguten Gefühlen und Lebenslügen befreit werde, ist nicht das Ziel an sich. Aber es ist eine wichtige Voraussetzung, um ein reifer Mensch zu werden, der brauchbar ist für die Aufgaben, die Gott für ihn bereithält.

Ganzheitlich zu glauben bedeutet zu lernen, meine Gottesbeziehung nicht an meiner Seele und ihren Empfindungen vorbeizugestalten. Es bedeutet, damit zu beginnen, diese in die Ausdrucksformen meiner Spiritualität einzubeziehen. Die Folge davon ist kein endloses Kreisen um mich selbst. Im Gegenteil: Der Mensch, der seine Seele vor Gott öffnet, wird letztlich weniger um sich selbst kreisen als derjenige, der sich weigert, das zu tun. Er schafft dadurch Freiraum für Gottes Geist und für sein Wirken bis hinein in die tiefsten Schichten seines Seins. Nichts macht uns freier und weniger auf uns selbst bezogen als das. Den glaubwürdigsten Einsatz für Gott und sein Reich leisten nach meiner Erfahrung die Menschen, die sich in ihrem Innersten von Gott berühren lassen.

> Der Mensch, der seine Seele vor Gott öffnet, wird letztlich weniger um sich selbst kreisen als derjenige, der sich weigert, das zu tun.

Unsere Seele in unsere Spiritualität einbetten heißt ganz praktisch, im Alltag die Ausdrucksformen unseres Glaubens (die manche auch »geistliche Disziplinen« nennen) bewusster auf das zu beziehen, was tatsächlich in uns ist: auf unsere Emotionen, Gedanken, Motive, Absichten, Unsicherheiten, unseren Ärger und unsere inneren Irritationen. Wie können Sie das tun?

Aus der Tiefe der Seele beten

Sprechen Sie, wenn Sie beten, mit Gott über die Dinge, die Sie *wirklich* bewegen. Verzichten Sie auf alle wohlklingenden Gebetsfloskeln, die Ihnen wie von selbst über die Lippen kommen, weil Sie sie schon jahrelang verwenden, bei denen aber weder Ihr Herz noch Ihre Seele wirklich präsent sind. Sprechen Sie mit Gott über den Ärger, den Sie empfinden, wenn Ihr Arbeitskollege Sie scheinbar übergangen hat. Vertrauen Sie Gott Ihre Befürchtungen an, wenn Sie an Ihre Ehe denken, in der es gerade kriselt. Klagen Sie Gott Ihre Trauer über die Arbeitsstelle, die Sie nicht bekommen haben. Seien Sie einfach ehrlich! Machen Sie sich selbst und Gott nichts vor. Breiten Sie Ihre Seele so vor Gott aus, wie uns das die Psalmen vorbildhaft zeigen. Sprechen Sie auch jene Dinge vor Gott aus, von denen Sie ahnen, wie fragwürdig, unwahr und daneben sie eigentlich sind. Sagen Sie im gleichen Atemzug: »Christus ist meine Gerechtigkeit!«

Jesus ist bereit, gerade jetzt seine Gnade und Barmherzigkeit auf diese hässlichen Gedanken und Gefühle zu legen. Er wird in diesem Moment aktiv, um Sie an dieser Stelle zu berühren, zu heilen und zu verändern.

Während Sie so mit Gott sprechen und ihn an Ihre Seele heranlassen, vergessen Sie das Entscheidende nicht: Fragen Sie Gott, welche Lektion er in dieser Situation für Sie bereithält. Fragen Sie ihn, welches seine Antwort auf Ihren Ärger und Ihre Frustration ist. Fragen Sie mit offenem Herzen und erlauben Sie Gott, Ihnen auf seine Weise zu antworten.

Gottes Worten in meiner Seele Raum geben

In vielen Fällen antwortet Gott durch die Worte der Bibel auf die Empfindungen in meiner Seele. Hier begegne ich den Wahrheiten Gottes, die ich dem entgegenhalten kann, was sich in mir als subjektive Wahrheit gebildet hat. Erst wenn Gottes Licht darauf zu scheinen beginnt, entpuppt sich manches davon als saftige Lüge. Beginnen Sie darum, die Wahrheiten der Bibel auf das zu beziehen, was in Ihrer Seele ist. Fragen Sie beim Meditieren eines Abschnittes, was Gott hier über sich selbst, über uns Menschen oder über sein Reich sagt. Und dann fragen Sie sich, was das mit dem zu tun haben könnte, was Sie gerade so sehr beschäftigt. Vielleicht ist die Antwort die, dass Sie sich selbst weniger ernst nehmen sollen. Vielleicht möchte Gott Ihrer Angst mit seinem Trost begegnen. Vielleicht lädt Gott Sie ein, ihm einfach wie ein Kind zu vertrauen. Vielleicht lehrt Sie der Bibeltext, dass Gott Sie trotz Ihrer Begrenzungen und Schwächen liebt und in seinem Reich gebrauchen will. Vielleicht will Gott Ihnen zeigen, dass Sie eine Beziehung klären und eine heikle Sache zur Sprache bringen sollen. Was immer es ist: Beziehen Sie die Wahrheiten Gottes auf das, was in Ihrer Seele ist. So wie Sie im Gebet Ihre Seele Gott hinhalten, tun Sie hier nun das Umgekehrte: Sie tragen die Wahrheiten Gottes, die Ihnen in der Bibel begegnen, in Ihre Seele hinein.

Mir hilft es dabei, wenn ich Gottes Wort laut lese. Wenn ich es wiederhole und noch einmal wiederhole. Manchmal denselben Abschnitt der Bibel über mehrere Tage hinweg. Ich bete diese biblischen Wahrheiten geradezu in meine Seele hinein. Ich erfahre dabei, wie viel heilender Einfluss durch die Worte Gottes in meine Seele und mein ganzes Leben hineinkommt. Ein Wort genügt, und meine Seele wird gesund (vgl. Matthäus 8,8).

Meine Seele vor anderen öffnen

Ich sehe die besondere Chance und Kraft einer Kleingruppe (manche nennen sie auch Hauskreis) darin, dass sich hier ein paar Menschen treffen, die sich gegenseitig Einblick in ihre Seelen geben. Sie tun das nicht, um einander mit pseudopsychologischen Techniken zu therapieren, die mit ein paar frommen Floskeln angereichert sind. Es geht vielmehr darum, dass man vor ein paar Menschen ehrlich offenlegt, welches zurzeit seine wichtigsten Lebens- und Glaubenslektionen sind. Kleingruppen, die sich von bibelgelehrter Besserwisserei und allgemeiner Oberflächlichkeit verabschieden und beginnen, ein Umfeld für persönliches Wachstum, für Veränderung, Neuorientierung und Heilung zu werden, sind ein unentbehrliches Werkzeug auf dem Weg zur geistlichen Reife.

Beziehen Sie die Wahrheiten Gottes auf das, was in Ihrer Seele ist.

Achten Sie deshalb darauf, dass Sie zu einer Kleingruppe gehören, in welcher die Teilnehmer bereit sind, über ihre Unsicherheiten, Ängste, Fragen, Zweifel, Wunden und Herausforderungen zu sprechen, mit denen sie in ihrem Leben zu kämpfen haben. Am besten gelingt das, wenn die Gruppe klein und überschaubar ist. Sorgen Sie dafür, dass Sie zu einem Hauskreis gehören, in dem Ihre Geschichte sicher aufgehoben ist, weil alle vertraulich damit umgehen. Und achten Sie darauf, dass man in dieser Gruppe einander nicht in erster Linie Therapeut sein will, sondern ein Gefährte im Glauben. Gefährten im Glauben überschütten einander nicht mit guten Ratschlägen, Befehlen und schnell gezückten Bibelversen, sondern sind füreinander da. Sie beten füreinander. Sie weinen miteinander.

Sie tragen und ertragen einander. Und vor allem: Sie ermutigen einander, die Herausforderungen Gottes anzunehmen. Sie helfen einander, Gottes Lektionen einzuüben. Solche Gruppen sind es, die unserer geistlichen Entwicklung wirklich dienen.

Die zwei Seiten einer gesunden Spiritualität

In diesem Kapitel ging es mir darum aufzuzeigen, dass es zwischen unserem geistlichen Leben und dem, wie es uns geht und was uns zutiefst beschäftigt, eine Verbindung geben muss. Nur so trägt unser Glaube dazu bei, dass wir echte, starke und reife Persönlichkeiten werden können. Zusammenfassend kann man sagen, dass eine gesunde Spiritualität sich gleichzeitig auf zwei Ebenen entwickelt:

Die konstante Ebene: meine Glaubensmuskeln trainieren

Spiritualität bedeutet zum einen, dass ich losgelöst von meiner persönlichen Situation Dinge tue, die meinen Glauben festigen. Auf dieser konstanten Ebene mache ich es mir zur Gewohnheit, regelmäßig mit Gott zu reden, Zeiten des Gebets zu haben, die Bibel zu lesen und ihre Wahrheiten zu memorieren; gute Bücher zu lesen, die helfen, meinen Glauben zu vertiefen; mich mit anderen Christen zu treffen, mich mit ihnen auszutauschen und zu beten.

Ich spreche hier von den bereits erwähnten klassischen geistlichen Disziplinen. Sie gehören zu meinem regelmäßigen Trainingsprogramm im Glauben – unabhängig davon, wie es mir geht. Es ist wie bei einem Sportler, der beharrlich über Monate hinweg dieselben Übungen wiederholt: Er absolviert Woche für Woche bestimmte, klar definierte Trainingseinheiten. Einige davon dienen der Steigerung seiner Ausdauer, andere der Kräftigung bestimmter Muskeln. Zudem ernährt er sich entsprechend, schläft genug und beschäftigt sich auch mit mentalen Trainingsmethoden. Dies alles tut ein Wettkämpfer nicht erst eine Woche vor dem Wettkampf. Er tut es Monate und Jahre vorher; er tut es beharrlich und ständig, egal, wie viel Lust er gerade dazu hat. Nur so hat er beim eigentlichen Wettkampf eine Chance.

Dieselbe Rolle spielen in unserem Leben die geistlichen Übungen wie Gebet, Meditation der Schrift, Verzicht, Einfachheit, Einsamkeit, Gemeinschaft, das Inanspruchnehmen von geistlicher Begleitung, Dienst für Gott usw. Diese Dinge, in Treue eingeübt, führen dazu, dass der Glaube eine Grundkondition hat, die unser Herz immer tiefer in der Realität Gottes wurzeln lässt.

Die situationsbezogene Ebene: auf die spontanen Lektionen Gottes reagieren

Die andere Seite einer vitalen Spiritualität besteht darin, dass wir in unserem Alltag die Lektionen Gottes erkennen, annehmen und anwenden, die ungeplant in unser Leben hineinplatzen. Sie zeigen sich uns durch die Reaktionen unserer Seele auf bestimmte Ereignisse.

Während das Trainieren im Bereich der geistlichen Übungen eher in einem bestimmten Rhythmus geschieht (innerhalb dafür reservierter Zeitfenster), ist das Reagieren auf die (meist überraschenden) Lektionen Gottes etwas, das nicht unserem eigenen Rhythmus, sondern dem Zeitplan Gottes folgt. Gott legt sie uns oft unerwartet vor die Füße. Wo immer sich unsere Seele meldet und uns so auf das Reden Gottes hinweist, sollten wir spontan auf sie reagieren, egal, wo wir gerade sind. Wir können das tun in einem stillen Zwiegespräch mit Gott, bei dem wir ihm unser Einverständnis geben, dass er uns jetzt etwas lehren darf. Wir können ihn um Klarheit bitten, die Lektion richtig zu verstehen. Wir können um die Bereitschaft bitten, sie bewusst annehmen zu können, sobald wir sie deutlicher erkennen. Wenn wir uns dann das nächste Mal wieder bewusst Zeit nehmen für die geistliche Übung des Gebets, des Bibellesens oder des Hörens auf Gott, dann

Wo immer sich unsere Seele meldet und uns so auf das Reden Gottes hinweist, sollten wir spontan auf sie reagieren, egal, wo wir gerade sind.

tun wir das auch im Blick auf diese Lektion, die Gott uns gezeigt hat. So sorgen wir dafür, dass sie sich fest in unserem Leben verankern kann.

Manchmal sind die Regungen unserer Seele von besonderer Intensität und von tiefen Schmerzen begleitet. Dann können wir die damit verbundenen Lektionen oft nicht klar erkennen oder fühlen uns hilflos, sie anzupacken. Es kann ein Hinweis darauf sein, dass sich in unserer Seele eine schmerzhafte Wunde meldet, die uns vielleicht schon jahrelang begleitet. Mit unseren Wunden sind ganz besondere Lektionen Gottes verbunden. Damit beschäftigt sich das nächste Kapitel.

Kapitel 2:
Die Wunde

Wenn die Seele einstecken muss

Seit unserer Kindheit begleiten uns zwei Arten von Erfahrungen: Entdeckungen und Irritationen. Zu den Entdeckungen zähle ich all jene Momente, in denen wir etwas zum ersten Mal verstehen. Oder in denen uns eine Sache zum ersten Mal gelingt. Alle Erfahrungen, die uns weiterbringen, guttun und unseren Horizont erweitern. Unser erstes Wort als Kleinkind gehört dazu. Der erste Zahn. Der erste Schritt. Der erste Schultag. Die erste Freundin. Der erste Kuss. Das erste Motorrad. Das erste selbst verdiente Einkommen. Das erste Kind. Das erste Enkelkind. Das alles sind Entdeckungen, die unser Leben um eine kleinere oder größere Dimension erweitern und bereichern. Solche Erfahrungen werden uns lebenslang geschenkt.

Daneben erleben wir unser ganzes Leben lang auch immer wieder Irritationen. Damit meine ich Situationen, in denen etwas schiefgeht. In denen ich unerwartet in Schwierigkeiten gerate. Ein kleiner oder größerer Misserfolg. Eine Verunsicherung. Ein Rückschlag. Ein Konflikt oder eine schwierige Beziehung. Diese Irritationen sind wie Beulen, die wir uns auf unserem Gang durch das Leben zuziehen. Sie führen, je nach Intensität, in unserer Seele zu einem Gefühl der Ablehnung oder der Zurückweisung. Sie säen in unser Herz den Zweifel, ob es das Leben und die Menschen wirklich gut mit uns meinen. Ob Gott unser Leben tatsächlich segnet und auf einem guten Weg führt.

Solchen Irritationen begegnen wir schon in den ersten Stunden unseres Lebens auf dieser Welt. Jedes Mal, wenn eine Mutter ihr Kind nach dem Stillen von der Brust wegnimmt und es in sein Bett legt, erfährt dieses Kind einen irritierenden Moment. Es kann nicht immer im Arm seiner Mutter sein, nicht ununterbrochen ihre Nähe und Körperwärme spüren. Das Kind muss erst noch lernen, dies nicht als Zurückweisung zu deuten. Es muss lernen, dass die Liebe der Eltern nicht infrage gestellt ist, wenn diese es nachts alleine im Zimmer lassen.

Dieser Prozess ist sicherlich von ein paar »Beulen« begleitet – Momenten, in denen das Kind Zurückweisung empfindet, weil es der Liebe seiner Eltern noch nicht so richtig traut. Oder auch, weil seine Eltern niemals perfekt sind und das Kind manchmal einer Situation aussetzen, welche es als bedrohlich erlebt. Man kann solche Beulen niemals verhindern – sie gehören zur Entwicklung jedes Menschen. Jeder von uns machte und macht harmlose und ernsthaftere Erfahrungen, in denen unsere Seele sich zurückgewiesen fühlt.

Ein paar weitere Beulen ziehen wir uns zu, wenn unsere Familie wächst und wir Geschwister bekommen. Auf einmal kümmern sich die Eltern nicht mehr ausschließlich um uns, sondern auch noch um dieses neue, runzlige, hässliche Baby, das da plötzlich in derselben Wohnung wohnt. Und wir stehen ratlos daneben und verstehen nicht, weshalb wir uns in gewissen Momenten auf einmal so fehl am Platz vorkommen. Auf dem Arm der Mama wird es plötzlich eng. Wenn das Neugeborene schläft, müssen wir leise sein. Wenn wir das einmal vergessen, beginnen die Eltern zu schimpfen. Bong – wieder eine Beule!

Wenn wir später entdecken, dass unsere Geschwister gewisse Dinge besser können als wir und die Eltern darauf besonders erfreut reagieren und sie loben, dann ist das wieder eine kleine Beule für unsere Seele. Also schnell dafür sorgen, dass auch wir etwas finden, was wir am besten können, und es den Eltern vorführen. Wenn sie freudig und anerkennend darauf eingehen – bong! – diesmal hat es meinen kleinen Bruder getroffen, der das so nicht hinkriegt! Falls die Eltern aber wider Erwarten auf meinen Vorführungsversuch nicht oder negativ reagieren, erwischt es einmal mehr mich selbst.

In der Schule geht es weiter. Hunderte, Tausende von Möglichkeiten, sich eine Beule einzufangen. In der Mathematik. In der Rechtschreibung. Beim Sport. Wenn ich in einem Bereich schwach bin und mein Lehrer oder meine Mitschüler mich das auch spüren lassen, dann gibt es da schon ein paar Beulen. Das Lachen, das Ignorieren, die Witze, die vielsagenden Blicke – all das wird von meiner Seele als Zurückweisung empfunden.

Im Verlauf eines Lebens erlebt jeder von uns Hunderte, ja Tausende solcher Momente der Zurückweisung. Nicht alle tun uns jahrelang weh oder hinterlassen etwas Negatives. Die meisten sind so harmlos, dass sie wie eine Beule am Kopf in kurzer Zeit wieder verheilen. Erinnern Sie sich an jede Schramme, die Sie sich im Verlauf Ihres Lebens zugezogen habe? Garantiert nicht. Aber an einige wenige vielleicht doch. An diejenigen, die besonders wehtaten und von denen Sie sichtbare Narben davongetragen haben. Genau so ist es mit den Beulen in unserer Seele, den Zurückweisungen und irritierenden Erfahrungen. Die meisten sind längst vergessen. Aber einige wenige gehen so tief, dass sie auch Jahre später noch präsent sind. Aus ihnen sind Wunden geworden.

Im Verlauf eines Lebens erlebt jeder von uns Hunderte, ja Tausende solcher Momente der Zurückweisung. Nicht alle tun uns jahrelang weh oder hinterlassen etwas Negatives.

Eine Wunde stammt von einer Erfahrung, bei der wir uns zurückgewiesen gefühlt haben und die sich tiefer als anderes in die Seele gebrannt hat. Und zwar so tief, dass sie noch Jahre später wehtut und blutet. Vielleicht stammt sie aus der frühen Kindheit. 50 Jahre später schmerzt sie immer noch. Eine solche Wunde beeinflusst uns auch dann noch, wenn wir schon längst erwachsen sind. Sie wirkt sich auf unser Fühlen und Denken und auf unsere Reaktion auf andere Menschen aus. Eine Wunde definiert, wie wir uns selbst und andere sehen. Und sie definiert, wie wir im Tiefsten unserer Seele Gott gegenüber denken und empfinden.

Wunden entstehen durch Ereignisse, die uns die Geborgenheit, das Vertrauen und die innere Sicherheit für einen kürzeren oder längeren Moment geraubt haben. Unsere Seele blüht dort auf, wo sie ermutigt, bestätigt, beschützt, wertgeschätzt und geliebt wird. Doch das Leben und selbst geliebte Menschen sind nicht immer gut zu uns bzw. nicht immer so, wie wir es von ihnen erwarten. Sobald unsere Seele einer Situation oder dem Verhalten einer Person ausgesetzt ist, welche ihr anstelle dieser guten Dinge etwas Ungewohntes, Irritierendes zumutet, entsteht eine Verunsicherung. Je massiver und schmerzhafter dieser Moment für uns ist, umso eher entwickelt sich daraus eine Wunde.

Jeder Mensch hat seine Wunden

Nach meiner Überzeugung gibt es keinen Menschen, der in seiner Seele nicht mindestens eine oder zwei Lebenswunden hat. Viele versuchen allerdings, sie zu verdrängen und zu verleugnen. Dass wir Wunden haben, hat mit der gefallenen Schöpfung zu tun. Die Bibel sagt, dass wir während unseres Lebens in dieser Welt immer auch Leid, Schmerzen, Schwierigkeiten und Nöten begegnen werden. Sie machen auch vor glaubenden Menschen nicht halt. Es wird andauern, bis Christus eine neue Welt schafft (vgl. Römer 8,18-25). Erst dann wird uns nichts mehr wehtun und uns keiner mehr schaden können. Doch auf dieser Erde erfahren wir nicht nur Leid, wir sind auch fähig, selbst Leid zu verursachen. Die ganze Schöpfung und jedes Lebewesen tragen in sich die Begrenzungen, die eine gefallene Welt ausmachen. Und darum gibt es Wunden.

> Die Frage ist also nicht: Habe ich in meinem Leben auch solche Wunden? Jeder hat welche. Die Frage lautet vielmehr: Wie gehe ich mit meinen Wunden um?

Ich weiß nicht, ob Ihnen beim Lesen dieser Zeilen eine oder mehrere tiefer gehende Irritationen in Ihrer Seele bewusst geworden sind. Sie haben Sie nicht nur damals verunsichert, sondern wirken bis heute in Ihnen nach. Schmerzhafte Gefühle, die seit Jahren da sind, brodeln, wehtun. Wunden eben. Vielleicht haben Sie schon oft versucht, sie irgendwie abzuschütteln. Doch Wunden holen uns immer wieder ein. Spätestens dann, wenn wir mit einer bestimmten Situation oder einer Person konfrontiert werden, die wir mit der Entstehung unserer Wunde bewusst oder unbewusst in Verbindung bringen. Wenn wir dann anders als normalerweise reagieren; wenn wir uns zurückziehen oder laut werden; wenn unsere Gefühle Amok laufen und unser Verhalten unserer eigenen Vernunft zuwiderläuft, spätestens dann merken wir, dass hinter dieser Sache mehr als eine harmlose Beule steckt, die wir vor langer Zeit oder auch erst vor Kurzem abbekommen haben. Aus dieser Erfahrung ist eine Wunde hervorgegangen, die uns bis in die Gegenwart hinein begleitet.

Die Frage ist also nicht: Habe ich in meinem Leben auch solche Wunden? Jeder hat welche. Die Frage lautet vielmehr: Wie gehe ich mit meinen Wunden um? Gehe ich überhaupt mit ihnen um, oder gehen sie mit mir um? Finde ich einen Weg, der dazu beiträgt, dass sie ihre destruktive Kraft verlieren und sich nicht länger belastend auf meine Beziehungen und mein Leben auswirken? Kann Gott an meiner Seele so handeln, dass sie von der schmerzhaften Zurückweisung, die sie erfahren hat, nicht länger gelähmt wird? Kann die Macht gebrochen werden, die verhindert, dass ich reif werde, und die dazu führt, dass ich mir selbst und anderen schade? Das sind die entscheidenden Fragen.

Eine Schulhofgeschichte und ihre Folgen

Ich erinnere mich an eine Situation aus meiner Teenagerzeit, die für manch andere Jungs in meinem damaligen Alter eine harmlose Beule gewesen wäre, von der sie bald nichts mehr gespürt hätten. Ich habe mich aber zurückgewiesen gefühlt und habe das bis heute nicht vergessen. Ich wurde schmerzhaft getroffen.

Es ging um Nadja. Das schönste aller Mädchen auf dem ganzen Schulhof. Sie hatte lange, dunkle, fast krause Locken, die ihr wunderschönes Gesicht umspielten. Sie war groß, schlank und zog sich gut an. Dass sie etwas scheu und zurückhaltend wirkte, machte sie für mich noch faszinierender und anziehender. Ich, damals 13 Jahre alt, begann ihr heimlich nachzublicken. Ich passte die Momente ab, in denen sie mit ihrem Fahrrad über den Pausenhof fuhr. Ich wartete nach der Schule so lange, bis sie ihre Gespräche beendet hatte und nach Hause fuhr. Zunächst blieb ich auf Distanz. Es reichte mir, sie einfach anzusehen und ihren Anblick in mich aufzunehmen. So ging das wochenlang.

In dieser Zeit begann ich mir zu wünschen, dass Nadja meine Freundin würde. Tagelang suchte ich nach der Mutter aller genialen Ideen, wie ich das anpacken könnte. Ich entschloss mich schließlich für die mutige und direkte Variante. Ich nahm mir vor, sie mitten auf dem Schulhof zu fragen, ob sie meine Freundin werden wolle. Und so habe ich es gemacht. Ich sehe die Szene noch vor mir, als wäre es gestern gewesen. Nadja stand mit einer Schar Mädchen unter dem großen Lindenbaum am Rande des Schulhofes. Sie kam gerade aus dem Dorfladen zurück, wo sie und ihre Kameradinnen sich ein Eis gekauft hatten. Ich kam aus dem Schulhaus, blickte mich zwei-, dreimal prüfend um, holte tief Luft und ging auf Nadja zu. Mein Herz klopfte bis zum Hals. Meine Hände waren kalt und zittrig. Aber da musste ich nun hindurch! Als ich vor Nadja stand, brachte ich nicht mehr als diesen Satz über meine Lippen: »Nadja, ich finde dich wunderschön und möchte dich fragen, ob du meine Freundin sein willst.«

Ihr fröhliches Lachen erstarb für einen Moment. Sie war völlig überrumpelt von meiner Liebeserklärung und blickte einen Moment lang irritiert in die Luft, dann zu ihren Freundinnen und schließlich wieder zu mir. Als die anderen Mädchen hörten, wie ich meinen Satz stammelte, schauten sie einander mit großen Augen an, bevor sie in lautes Gekicher ausbrachen. Es war wohl aus Verlegenheit und gleichzeitig Belustigung darüber, dass ich Nadja mitten auf dem Schulgelände und inmitten der anderen Jugendlichen den Hof machte.

In diesem Moment wusste ich, dass ich die Sache verpatzt hatte. Irgendwie verlief die Geschichte ganz anders, als ich es mir ausgedacht hatte. So empfand ich es als echte Erlösung, als Nadja schließlich nach einigem Zögern sagte: »Ich muss es mir noch überlegen und gebe dir dann Bescheid, okay?« Ich nickte, drehte mich um und rannte davon. Ich hörte hinter mir das Lachen der Mädchen und Jungs, die Zeugen dieser komischen Szene gewesen waren. Ohne mich umzusehen, lief ich nach Hause, ging auf mein Zimmer und warf mich aufs Bett. Mein Kopf war leer. Kein Gedanke und doch tausend Gedanken. Und das Gefühl, zurückgewiesen worden zu sein. Von all den lachenden Mädchen und Jungs. Von Nadja, die völlig überrumpelt war und mich mit ihren großen Augen verlegen angesehen hatte. Sie hatte wohl nicht insgeheim auf meinen Antrag gewartet! Als ich ihr gegenüberstand und meinen Mund öffnete, sah ich keinerlei Anzeichen dafür, dass sie auch nur einen Bruchteil meiner Verehrung teilte. Doch da war es schon zu spät ...

> Aus meinem Verwundetsein heraus verwundete ich andere. Am meisten diejenigen, die mir am meisten bedeuteten.

Am nächsten Tag versuchte ich, den Blickkontakt mit Nadja zu vermeiden. Ich überspielte die Witze meiner Kameraden mit Gelassenheit und starrte die meiste Zeit gedankenverloren auf mein Schulheft. Einen Tag später kam Sabine, Nadjas Freundin, und überbrachte mir die Nachricht, dass Nadja leider nicht in mich verliebt sei. Ich stammelte irgendetwas von »War ja nicht so ernst gemeint« vor mich hin und suchte das Weite. Ich fühlte mich als Versager, der sich zum Trottel der ganzen Schule gemacht hatte.

Weshalb ist diese Geschichte in meinem Inneren noch heute so präsent und lebendig? Weshalb ist sie nicht vergessen wie viele andere vergleichbare Situationen, bei denen in meinem Leben etwas schiefgelaufen ist und die mir peinlich waren? Diese Episode war für meine Seele nicht nur eine kleine, harmlose Beule. Es war eine der großen, dicken. Eine, die wehtat. Eine, die blutete. In den Augen *meiner* Seele eine handfeste Zurückweisung der groben Sorte.

Ich habe bis ins Erwachsenenleben hinein an dieser Geschichte zu kauen gehabt. Während meiner weiteren Jugendzeit war ich fast ununterbrochen in irgendein Mädchen verliebt. Manchmal verflogen die Gefühle so schnell, wie sie gekommen waren. Dann wieder ließen sie mich nicht mehr los. Wann immer meine Verliebtheit anhielt, liefen meine weiteren Schritte nach dem gleichen Muster ab. Ich begann dem betreffenden Mädchen meine Zuneigung zu zeigen (allerdings nie mehr auf dem Schulhof vor den Augen der anderen!). Ich schrieb ihr Briefe. Ich traf mich heimlich mit ihr. Ich unternahm alles, um ihre Liebe zu gewinnen. Wenn es dann so weit war, dass sich das betreffende Mädchen in mich verliebt hatte (und das waren doch ein paar ...), kriegte ich kalte Füße. Mit einigen von ihnen begann ich zwar eine Freundschaft, aber die meisten dauerten nicht lange. Immer, wenn ich meinen »Fang« endlich an Land gezogen hatte, packte mich die Panik und ich suchte das Weite.

Ich habe lange gerätselt, weshalb das bei mir so war. Ich fühlte mich schlecht und machte mir Vorwürfe dafür, dass ich den Mädchen, um die ich mich doch zunächst intensiv bemühte, schlussendlich die kalte Schulter zeigte und die Sache abbrach.

Erst als Erwachsener habe ich verstanden, dass es vielleicht einen Zusammenhang gibt zwischen dieser Schulhofgeschichte mit Nadja und meinem späteren Verhalten gegenüber Mädchen. Ich wollte unter keinen Umständen noch einmal eine solche Abfuhr erleben. Ich wollte mich nicht noch einmal so blamieren und mir dabei so blöd vorkommen wie damals. Und ich wollte nicht noch einmal die Erfahrung machen, dass ich jemanden so tief verehrte und liebte, während diese Person für mich rein gar nichts übrighatte.

Was tat ich, um dies zu verhindern? Ich habe jedes Mädchen zurückgewiesen, sobald es sich in mich verliebte. Ich habe es getan, um mich selber vor ihrer möglichen Zurückweisung zu schützen. Ich tat, was viele Verwundete tun: Aus meinem Verwundetsein heraus verwundete ich andere. Am meisten diejenigen, die mir am meisten bedeuteten.

Noch einmal: Eine Wunde entsteht aus dem Gefühl der Seele heraus, zurückgewiesen worden zu sein. Auch im Leben eines längst erwachsenen Menschen gibt es unzählige Möglichkeiten, wie sich dieses Drama abspielen kann. Nicht nur die Familie oder die Liebe bieten hervorragende Gelegenheiten, bei denen sich solche Geschichten der Zurückweisung abspielen können. Auch der Arbeitsplatz. Die Worte des Chefs. Oder eines Kollegen. Das Verhalten eines Pfarrers. Die schwierige Situation innerhalb einer Gemeinde. Die Spannungen in einem Team. Die Worte eines Freundes. Einer Kollegin in der Volleyballmannschaft. Ein gescheitertes Projekt. Eine sportliche Enttäuschung. Die Liste ist endlos.

Der Apostel Paulus erstellt in seinem Brief an die Korinther eine eigene Liste von Erfahrungen, denen er tagtäglich ausgesetzt ist und bei denen er sich zurückgewiesen fühlt. Er schreibt von Menschen, die ihn verachten und ihm wehtun. Von Verwünschungen, die gegen ihn ausgesprochen werden, und von Verfolgung. Er wird beschimpft und muss Schläge einstecken (vgl. 1. Korinther 4,10-13). Das ist genau die Kategorie von Ereignissen, in denen das Potenzial steckt, uns nachhaltig zu verwunden.

Wenn eine solche Erfahrung unsere Seele trifft, dann reagiert sie verunsichert. Ist die Situation eher harmlos und der Schlag weniger hart, dann können es eher leise Fragen sein, welche diese Verunsicherung begleiten: »Meinen es die anderen gut mit mir?« – »Bin ich für jemanden eine Last?« – »Bin ich gewollt und akzeptiert, wie ich bin, oder doch nicht?« – »Habe ich einen Fehler gemacht?« – »Gibt es etwas an mir, das andere verunsichert oder abstößt?«

Ist eine Erfahrung jedoch massiver, verinnerlicht die Seele eine entsprechend eindeutige Botschaft: »Dieser Mensch lehnt mich ab. Ich gehöre nicht zu seinen bevorzugten Partnern.« – »Man will mich hier nicht.« – »Man wendet sich gegen mich.« – »Man will mir wehtun.« – »Ich bin nicht angenommen und akzeptiert.« – »Ich muss mich entweder massiv wehren oder die Flucht ergreifen!«

Wenn unsere Seele eine dieser Botschaften hört, glaubt und verinnerlicht, ist das die Geburtsstunde einer Wunde. Und zwar einer der großen, schmerzenden und deshalb ernst zu nehmenden Wunden.

Jeftah – ein Leben mit unverarbeiteten Wunden

Es gibt in der Bibel eine Geschichte, die eindrücklich zeigt, was im Leben verwundeter Menschen geschehen kann. Es ist die Geschichte von Jeftah, der in der Zeit um etwa 1100 v.Chr. einer der Richter Israels war. Wir können sie im Buch der Richter, Kapitel 11 und 12 nachverfolgen.[3]

Jeftah ist der Sohn eines Israeliten und einer Prostituierten. Als er erwachsen wird, möchte er wie seine anderen Brüder seinen rechtmäßigen Platz in der Sippe einnehmen. Aber seine Geschwister verwehren es ihm. Sie werfen ihm vor, dass er der Sohn einer Prostituierten ist. Deshalb soll er nicht länger zu ihrer Familie gehören. Kurzerhand vertreiben sie Jeftah.

Stellen Sie sich diese unglaubliche Zurückweisung vor! Es geht hier um viel mehr als nur darum, dass ein paar Männer den Kontakt zu einem ihrer Brüder abbrechen. In jener Zeit bedeutete eine solche Vertreibung den Ausschluss aus dem bisherigen Lebensumfeld. Aus der Gemeinschaft, die durch gegenseitige Unterstützung das eigene Überleben sicherstellte. Jeftah wird damit nicht nur aus seiner Familie verstoßen, sondern auch aus seiner Heimat, seinem Dorf, von seinen Freunden und Bekannten. Er wird enteignet, man verweigert ihm sein rechtmäßiges Erbe. Diese Zurückweisung frisst sich tief in Jeftahs Herz. Er schließt sich einer Bande von ruchlosen Männern an – Zurückgewiesenen wie er selbst:

---

3 Wichtige Inspirationen zum folgenden Abschnitt bekam ich durch eine Predigt von Mark Buchanan. Sie trägt den Titel *Jephtah: The Wounded Wounder* und wurde am 7. Mai 2006 in der New Life Community Baptist Church in Duncan, British Columbia (Kanada) gehalten.

So musste Jiftach vor seinen Brüdern fliehen. Er ging ins Land Tob, und dort sammelte sich um ihn eine Schar von Männern, die nichts zu verlieren hatten. Mit ihnen unternahm er seine Streifzüge (Richter 11,3; GNB).

Macht als Genugtuung für erfahrene Verwundung

Einige Jahre später. Die Menschen aus dem Stamm Gilead, aus dem er vertrieben wurde, sind in eine Auseinandersetzung mit den Ammonitern verwickelt. Der Krieg ist hart und steht auf der Kippe. Es fehlt ein fähiger Anführer gegen diese Übermacht. Einige Männer aus dem Stamm Gilead haben davon gehört, dass Jeftah nun mit einer gefürchteten Bande umherzieht. In ihrer Verzweiflung schlagen sie vor, ihn zurückzuholen und zu ihrem Anführer zu machen. Als Jeftah von diesem Angebot erfährt, reagiert er umgehend. Seine Reaktion macht deutlich, wie sehr die Zurückweisung und Vertreibung noch an seiner Seele nagen. Er ist ein Verwundeter, deshalb antwortet er sarkastisch: *»Denkt ihr nicht mehr daran, wie ihr mich verachtet und vom Erbe meines Vaters vertrieben habt? Und jetzt kommt ihr, wo ihr in Not seid?«* (Vers 7).

> Verwundete reagieren selten sachlich. Sie reagieren aus der Wunde heraus, die ihnen zugefügt wurde.

Verwundete reagieren selten sachlich. Sie reagieren aus der Wunde heraus, die ihnen zugefügt wurde. So tut es auch Jeftah. Es gibt nur eine Sache, die ihn dazu bewegt, auf das Anliegen seiner ehemaligen Stammesgenossen einzugehen: Es ist ihr Angebot, ihm Macht zu verleihen: Falls der Kampf gegen die Ammoniter unter der Führung von Jeftah erfolgreich ist, soll er nämlich der Herrscher über ganz Gilead und der Anführer der israelitischen Krieger werden. Dieses verlockende Angebot nimmt Jeftah an. Es verschafft ihm Genugtuung dafür, dass ihm in der Vergangenheit Schmerz zugefügt wurde. Er, Jeftah, ist auf einmal der Herrscher über die Menschen, die ihm so übel mitgespielt haben (Verse 8-11). Macht zu haben, um bedeutend zu sein, ist für verwundete Menschen eine besondere Verlockung.

So wird Jeftah zum Anführer der Israeliten im Kampf gegen die Ammoniter. Er entschließt sich zunächst, mit dem Feind zu verhandeln und einen Waffenstillstand zu erwirken. Der Ammoniterkönig geht nicht darauf ein, was für Jeftah einer erneuten Zurückweisung gleichkommt (Vers 28). Kurz darauf kommt der Geist Gottes über Jeftah und er beginnt einen erbarmungslosen Vernichtungskampf gegen die Ammoniter. Vorher aber legt er, geblendet von einem Eifer, der genährt ist von seiner verwundeten Seele, ein folgenschweres Gelübde ab:

> *Er versprach dem Herrn: »Wenn du die Ammoniter in meine Hand gibst und ich wohlbehalten nach Hause zurückkehre, soll das, was mir als Erstes aus der Tür meines Hauses entgegenkommt, dir gehören. Ich will es dir als Opfer auf deinem Altar verbrennen.« Dann zog Jiftach in den Kampf gegen die Ammoniter und der Herr gab sie in seine Hand* (Verse 30-32; GNB).

Zerstören, was man liebt

Es ist zwar der Geist Gottes, der auf ihn kommt – eine übernatürliche Kraft zum Kämpfen und Siegen. Doch offensichtlich verhindert die Wunde Jeftahs, dass dieser Geist ihn auch als Mensch verändert. Der Geist erreicht sozusagen nur seinen Bizeps, nicht aber seine Seele. Das machen die weiteren Ereignisse deutlich: Nach dem erfolgreichen Kampf kehrt Jeftah nach Hause zurück. Und was tritt ihm als Erstes aus seinem Haus entgegen? Es ist seine eigene Tochter, die ihm freudestrahlend und tanzend entgegenkommt und sich über seinen Sieg freut.

> *Als nun Jiftach zu seinem Haus nach Mizpa zurückkehrte, wer kam da aus der Tür? Seine Tochter, seine Einzige! Er hatte außer ihr keine Kinder. Sie trat aus dem Haus und kam ihm entgegen, dabei tanzte sie und schlug das Tamburin. Als er sie sah, zerriss er sein Gewand und rief: »Ach, meine Tochter, du stürzt mich in tiefstes Leid! Dass du es sein musst! Was für einen Schmerz fügst du mir zu! Ich habe dem Herrn*

mein Wort gegeben und kann es nicht zurücknehmen« (Verse 34-35; GNB).

Jeftah – der Verwundete, der sich in eine Sache hineinmanövriert, die er durch sein hitziges Gelübde selber provoziert hat, zerstört das, was ihm am liebsten ist. In seinem Verwundetsein versucht er, Gott mit einem Gelübde dazu zu bringen, ihm einen Sieg zu bescheren. Gleichzeitig durchschaut er die Sinnlosigkeit dieses Gelübdes auch dann nicht, als er seinem eigenen Kind gegenübersteht. So sehr blendet ihn sein blinder Eifer. Sein Leben zeigt ein Verhaltensmuster, das zur Geschichte vieler Verwundeter gehört und sie besonders tragisch macht: Sie werden von ihrer eigenen Wunde manchmal so sehr fehlgeleitet, dass sie mit ihrem destruktiven Verhalten gerade den Menschen am meisten wehtun, die ihnen am nächsten sind: ihren eigenen Kindern, Partnern und den wenigen Freunden, die ihnen noch geblieben sind. Und so opfert Jeftah seine einzige, geliebte Tochter, um seinem Gelübde treu zu bleiben. Gleichzeitig bricht er damit das Gebot Gottes, das ihm vorschreibt, niemals ein Menschenopfer zu bringen (5. Mose 12,31). *Er tat an ihr, was er dem Herrn versprochen hatte. Sie war noch eine unberührte Jungfrau, als sie starb* (Verse 39).

Zerstören, wer mich infrage stellt

Doch die tragische Geschichte Jeftahs geht noch weiter. Einige Zeit später kommt eine Schar Männer aus dem israelitischen Stamm Ephraim zu Jeftah. Sofort beginnen sie damit, ihm Vorwürfe zu machen: »Als du gegen die Ammoniter gekämpft hast, warum hast du uns damals nicht mitgenommen? Das war nicht richtig von dir! Wir wollten auch mitkämpfen. Du hast es nicht zugelassen!« Jeftah wehrt sich: »Ich wollte euch dabeihaben. Aber ihr selber wolltet nicht! Weshalb macht ihr mir solche Vorwürfe?« Die Leute aus Ephraim aber lassen nicht locker. Im Hin und Her der Argumente beginnen sie schließlich, sich über den kleinen Stamm Gilead lustig zu machen, aus dem Jeftah kommt. Was dann passiert, ist ein erschütterndes Beispiel dafür, wie unberechenbar und gefährlich Leiter werden können, die aus ihrem Verwundetsein heraus auf Angriffe reagieren. Jeftah kommt mit den Anschuldigungen und dem Spott dieser Leute überhaupt nicht zurecht. Das gilt für alle verwundeten Menschen. Sie empfinden Kritik fast immer als generelle Zurückweisung und Ablehnung. Und so reagiert auch Jeftah völlig unverhältnismäßig in dieser Situation. In Richter 12,4 lesen wir:

> *Jiftach rief alle Männer von Gilead zusammen. Sie kämpften gegen die Männer von Efram und besiegten sie. Sie waren erbittert, weil die Leute von Efram gesagt hatten: »Ihr seid ja nur ein Anhängsel von Efram, euer Land Gilead liegt mitten im Gebiet von Efram und Manasse!«* (GNB).

Verwundete reagieren auf persönliche Angriffe entweder mit völligem Rückzug oder mit Gegenangriff. Weil sie einen Vorwurf als grundsätzliche Abweisung interpretieren, wehren sie sich mit aller Kraft dagegen. Kritiker, auch solche, die es gut meinen, werden dann zu Feinden, die man rücksichtslos aus dem Weg räumen muss. Und so kämpft Jeftah aus seiner Verbitterung heraus gegen die Ephraimiter.

Das gilt für alle verwundeten Menschen. Sie empfinden Kritik fast immer als generelle Zurückweisung und Ablehnung.

Doch das ist ihm nicht genug. An der Grenze zu ihrer Heimat unterzieht er alle fliehenden Ephraimiter einem Sprachtest. Sobald einer von ihnen an dieser Grenze auftaucht, wird er gefragt: »Kommst du aus Ephraim?« Lautet die Antwort »Nein«, wird derjenige aufgefordert: »Sag doch einmal ›Schibboleth‹.« Nun ist es so, dass die Bewohner Ephraims aufgrund ihres besonderen Dialektes nicht imstande sind, »Schibboleth« auszusprechen. Sie können nur »Sibboleth« sagen. Wenn nun an der Grenze ein Befragter »Sibboleth« statt »Schibboleth« antwortet, dann ist er als Feind identifiziert. In diesem Fall packen ihn die Männer Jeftahs und bringen ihn auf der Stelle um.

Etwas Unglaubliches geschieht in diesen Tagen an der Grenze zu Ephraim: Auf die Anordnung Jeftahs werden dort am Jordan innerhalb kurzer Zeit 42 000 Männer aus Ephraim umgebracht. 42 000 Mal »Sibboleth« statt »Schibboleth« und deshalb 42 000 Mal ein Dolchstoß. Und das nur, weil es einen Leiter gibt, der tief verwundet ist und mit seiner Wunde nicht klarkommt.

Weshalb lässt Jeftah 42 000 Männer umbringen? Männer, die wie er aus dem Volk Israel stammen. Männer, die er beschützen sollte, denn er ist ja Richter über Israel. Weshalb tut er das? Weil er mit persönlicher Kritik nicht umgehen kann. Er bringt alle um, die es wagen, sich gegen ihn zu stellen. Und so zerstört er, was er eigentlich schützen sollte: Menschen aus seinem eigenen Volk.

Wunden ziehen Kreise

Die Geschichte Jeftahs zeigt uns gleich mehrere charakteristische Merkmale verwundeter Menschen. Herausragender Eifer für oder gegen eine Sache kann eine Reaktion auf erfahrene Zurückweisung sein. Bei Jeftah wird dieser Zusammenhang deutlich sichtbar. Selbst der leidenschaftliche Glaubenseifer mancher Menschen kann seine Wurzeln in einer Wunde haben. Solche Leute kämpfen dann mit großer Leidenschaft für den richtigen Glauben oder dafür, dass in der Gemeinde härter durchgegriffen wird. Die treibende Kraft dahinter ist aber nicht so sehr der edle Wunsch, einem guten Anliegen zu dienen, sondern eine unversorgte Wunde. Der leidenschaftlich geführte Kampf für oder gegen etwas ist dann nichts anderes als die ungesunde Reaktion auf die Ablehnung, die man irgendwann in der Vergangenheit erfahren hat. Den meisten Betroffenen ist es nicht bewusst, dass sie auf diese Weise eine Kompensation für ihren Schmerz suchen.

Wo eine Wunde eine Leidenschaft nährt, kann es auch passieren, dass man die Dinge, die man eigentlich schützen sollte, zerstört. Man macht kaputt, was einem lieb und wertvoll ist. Auch dafür ist

Jeftah ein erschütterndes Beispiel. Er wird zum Zerstörer seiner eigenen Familie. Er richtet unter seinem Volk ein schreckliches Blutbad an. Eifer, der aus einer Wunde der Zurückweisung genährt wird, entwickelt destruktives Potenzial. Menschen sind dann in der Lage, denjenigen den größten Schmerz zuzufügen, die ihnen am nächsten sind. Sie tun ihnen Dinge an, die sie ursprünglich nicht wollten. Eine unversorgte Wunde veranlasst Menschen zu Verhaltensmustern, die sie später bitter bereuen. Manche Kinder von übermäßig engagierten christlichen Eltern und Leitern können schmerzliche Geschichten darüber erzählen, welche Schatten der pausenlose Einsatz ihrer Eltern für Gott auf sie geworfen hat.

Ich kenne diesen Zusammenhang zwischen Eifer und Vernachlässigung der mir liebsten Menschen aus meinem eigenen Leben. Es hatte mit meinen Wunden zu tun, dass mich meine Frau und meine beiden älteren Töchter in ihren ersten Lebensjahren so oft bloß von hinten gesehen haben. Diese nährten den Eifer, der mich antrieb.

Meine größten Lebenswunden haben mit der Angst zu tun, verlassen zu werden. Ich fürchtete mich davor, von Freunden und Kollegen, die mir etwas bedeuteten, alleingelassen zu werden. Das führte dazu, dass ich mich über meine Verhältnisse und Kräfte für sie engagiert habe. Ich habe mir allerlei Aufgaben in der Gemeinde und darüber hinaus aufgehalst und nur selten Nein gesagt. Damit versuchte ich diese Angst, verlassen zu werden, zum Schweigen zu bringen. Ich war ständig unterwegs für Seminare und in der Gemeinde. Natürlich tat ich das alles für Gott – so sah es wenigstens aus, und ich glaubte selber lange, dass es so sei. Dadurch geschah bei mir jedoch das, was im Leben vieler Verwundeter passiert: Ich tat denen am meisten weh, die ich am meisten liebte: meiner eigenen Familie. Ich vernachlässigte diejenigen, die ich eigentlich versorgen und beschützen wollte.

> Macht ohne Erneuerung und Transformation des Herzens, ohne Heilung unserer Wunde ist eine höchst gefährliche, explosive Angelegenheit!

Eines der Probleme Jeftahs bestand darin, dass der Geist Gottes zwar auf ihn kam, sein Herz aber offensichtlich nicht erreichte. Da war Vollmacht, da war übernatürliche Kraft. Jeftah war eine gewaltige Führungsperson, die Großes erreichte. Er wurde jedoch nicht durch den Geist Gottes in seinem Inneren umgestaltet. Jeftah hat die Vollmacht, die Gott ihm gab, vor allem dazu verwendet, eigene Ziele durchzusetzen. Herrscher zu werden. Sich zu rächen. Einzuschüchtern. Abzurechnen. Er war ermächtigt, aber unverändert. Macht ohne Erneuerung und Transformation des Herzens, ohne Heilung unserer Wunde ist eine höchst gefährliche, explosive Angelegenheit! Ohne Veränderung und Heilung werde ich für die Menschen, die mir anvertraut sind, zu einer Gefahr.

Meinen Wunden nicht länger ausweichen

Vielleicht sind Ihnen beim Lesen einige Ihrer eigenen Wunden bewusst geworden. Vielleicht ist es nur eine Ahnung, dass hinter manchen Verhaltensmustern, die auf Sie zutreffen und unter denen Sie vielleicht sogar leiden, eine unbearbeitete Wunde stehen könnte. Ich ermutige Sie, der Realität nicht auszuweichen. Man muss sich nicht dafür schämen, Wunden zu haben. Jeder hat sie. Die Frage ist nur, ob wir uns ihnen stellen. Und ob wir Gott erlauben, an ihnen zu arbeiten. Unsere Wunden heilend zu berühren. Das setzt jedoch voraus, dass wir sie nicht länger verdrängen und verharmlosen.

Was sind einige mögliche Indizien dafür, dass es eine Wunde in Ihrer Seele gibt? Die folgenden Fragen können Ihnen eine Hilfe sein, Verletzungen auf die Spur zu kommen:

Gibt es Situationen, auf die Sie besonders heftig reagieren? Der Auslöser kann das bestimmte Verhalten eines Mitmenschen sein. Eine Äußerung. Ein Satz. Eine Rückmeldung. Eine Kritik. Hat Sie das in der Magengegend getroffen? Fühlen Sie sich schon beim bloßen Gedanken daran schlecht? Sind Sie innerlich stark aufgewühlt? Beschäftigt Sie dieser Vorfall anhaltend?

Gibt es Themen, für die Sie sich leidenschaftlich und kämpferisch engagieren? Brennt Ihnen etwas so sehr unter den Nägeln, dass Sie verbissen alles daransetzen, diese Sache zu fördern und zu vertreten? Empfinden Sie Menschen, die Ihre Ansichten in dieser Sache nicht teilen, als Bedrohung? Als Gegner? Fühlen Sie sich »berufen«, dieses Anliegen mit allen Mitteln bekannt zu machen und unter die Menschen zu bringen? Fühlen Sie so etwas wie eine Schuld, wenn Sie sich hier nicht mit allen Kräften engagieren?

Hat Sie Kritik übermäßig stark getroffen? Sodass Sie laut wurden, sich rechtfertigten und zum Gegenangriff bliesen? Oder haben Sie sich beleidigt zurückgezogen? Haben Sie im Stillen geschworen, dieser Person in Zukunft aus dem Weg zu gehen? Ist die Beziehung zu demjenigen, der sich Ihnen gegenüber kritisch geäußert hat, seither belastet oder sogar abgebrochen?

Geben Ihnen Menschen, die Ihnen nahestehen, die Rückmeldung, dass sie sich von Ihnen vernachlässigt fühlen? Kommt es vermehrt zu irritierenden Konflikten mit Personen, die Sie als gute Bekannte oder sogar Vertraute bezeichnen? Mit Ihrem Ehepartner? Ihren Kindern? Freunden, Mitarbeitern oder anderen Ihnen anvertrauten Menschen?

Gibt es bestimmte Lebensentscheidungen, denen Sie aus unerklärlichen Gründen seit Jahren ausweichen oder die Sie einfach nicht auf die Reihe kriegen, wie beispielsweise:

- ein längst fällig gewordener Arbeitswechsel oder Umzug?
- eine verbindliche Freundschaft mit einer Person des anderen Geschlechts mit der Perspektive, diesen Menschen zu heiraten?
- die Loslösung von Ihren Eltern?

- die Auflösung einer Beziehung, von der Sie wissen, dass sie Ihnen eigentlich schadet?
- die Loslösung von Verhaltensmustern oder Süchten, von denen Sie wissen, dass sie Ihnen eigentlich schaden?

Fällt es Ihnen sehr schwer, für längere Zeit im selben Lebensumfeld oder in konstanten Beziehungen zu bleiben? Wechseln Sie in überschaubaren Abständen

- Ihre besten Freunde?
- Ihren Partner?
- die Gemeinde?
- den Bereich Ihrer Mitarbeit in der Gemeinde?
- die Arbeitsstelle?
- Ihre Wohnung?
- Ihre Wohnungseinrichtung?

Gibt es Ereignisse und Gefühle in Ihrem Leben, über die Sie nicht sprechen wollen oder können? Dinge, die Sie seit Jahren mit sich selbst austragen und von denen auch Ihr Partner oder Ihre besten Freunde nichts wissen?

Nicht hinter jeder der gerade beschriebenen Verhaltensweisen verbirgt sich zwingend eine Wunde. Möglicherweise aber doch. Haben Sie den Mut, diesen Dingen auf den Grund zu gehen. Lassen Sie sich von jemandem begleiten. Ein guter Lebensberater kann Ihnen hier eine entscheidende Hilfe sein. Ich hätte mich ohne die Begleitung durch einen Seelsorger kaum auf hilfreiche Weise mit meinen Lebenswunden auseinandersetzen können. Ich tue es bis heute. Mich von Beratern und Freunden begleiten zu lassen hat wesentlich dazu beigetragen, dass meine Wunden von Gott berührt, entschärft und auch geheilt werden konnten.

Seine Wunden zu kennen heißt, ihnen nicht länger hilflos ausgeliefert zu sein. Es sind die uns unbewussten und nicht ernst genommenen Verletzungen, die uns am meisten lähmen und unsere

Beziehungen gefährden. Erkannte und von Gott berührte Wunden hingegen können sich, wie wir noch sehen werden, zu einem wertvollen Schatz für uns entwickeln. Wir entscheiden also, ob unsere Wunden letztlich Gutes bewirken oder ob sie uns selbst und anderen Schaden zufügen.

Drei Wege, die Verwundete einschlagen

Ein verwundeter Mensch geht im Normalfall einen der folgenden drei Wege: Er verwundet selbst, er zieht sich zurück oder er lässt Heilung zu und wird damit selbst zum Heiler.

Der Verwundete, der verwundet

Jeftah ist diesen Weg gegangen. Ein solcher Mensch gibt seine Wunde an andere weiter. Manche tun dies ihr Leben lang. Sie verletzen die Menschen in ihrem Umfeld: ihre Mitarbeiter, Untergebenen, Bekannten, Nachbarn und besonders ihre eigene Familie. Die große Mehrheit verwundeter Menschen wird selber zu Verwundern. Sie werden es, ohne dies bewusst zu wollen. Ihre Seele reagiert von selbst auf diese Weise und gibt die Wunde weiter.

Eine solche Person wundert sich vielleicht manchmal, weshalb sie so viele Konflikte hat. Weshalb sich Menschen plötzlich von ihr zurückziehen. Weshalb sie kaum tiefe Freundschaften hat, in der man voreinander das Herz öffnet. Meistens sucht sie die Gründe für solches Verhalten aber nicht bei sich selbst, sondern bei der anderen Person. Und multipliziert dabei ihre Wunde munter weiter. Erhebt Vorwürfe und weist andere so zurück, wie sie selber zurückgewiesen worden ist.

Der verwundete Vermeider

Während auffallend viele Männer zu verwundeten Verwundern werden, werden auffallend viele Frauen zu verwundeten Vermeidern. Das ist eine zweite Möglichkeit, mit eigenen Wunden umzugehen.

Die betroffene Person setzt alles daran, das Risiko einer erneuten Zurückweisung zu vermeiden. Sie sagt zu sich selbst: »Ich möchte diesen Schmerz nicht noch einmal erfahren. Und ich möchte auch anderen unter keinen Umständen Schmerzen zufügen.«

Einige dieser Menschen fallen durch außergewöhnliche Liebenswürdigkeit und Hilfsbereitschaft auf. Sie schlagen selten eine Bitte aus. Sie widersprechen anderen kaum. Sie haben so gut wie nie ernsthafte Meinungsverschiedenheiten mit anderen Menschen. Der tiefer liegende, eigentliche Grund dafür ist, dass sie ihre Wunde mit einem ausgesprochen friedliebenden Beziehungsverhalten kompensieren. Sie achten ständig darauf, selber nicht in Beziehungsschwierigkeiten zu geraten und auch anderen keine solchen zu bereiten. Sie vermeiden bei sich und anderen alles, was eine erneute Zurückweisung auslösen könnte.

> Seine Wunden zu kennen heißt, ihnen nicht länger hilflos ausgeliefert zu sein.

Ein solcher Mensch kämpft ebenfalls, wenn auch auf eine ganz andere Weise und mit anderen Mitteln als ein verwundeter Verwunder. Er kämpft den Kampf des verwundeten Vermeiders. Er versucht alles zu umgehen, was nach einem Konflikt, nach Schwierigkeiten oder nach Auseinandersetzung riecht.

Ich kenne Menschen, bei denen sich diese Strategie des Vermeidens besonders in der Erziehung ihrer Kinder niederschlägt. Sie bleiben ihren eigenen Kindern gegenüber weitgehend passiv. Sie wollen ihre Sprösslinge nicht enttäuschen, wagen kaum etwas zu sagen und setzen sich auch dort nicht durch, wo ihre Kinder das brauchen würden. Den wachsenden Widerstand ihrer aufbegehrenden Teenager empfinden sie wiederum als persönliche Zurückweisung. Um ihr aus dem Weg zu gehen, setzen sie ihren Kindern keine Grenzen, obwohl sie diese so nötig bräuchten, um sich gut entwickeln zu können. Der verwundete Vermeider ist ein Mensch, der kaum Widerspruch erträgt.

Nicht alle verwundeten Vermeider wählen die Strategie der besänftigenden Freundlichkeiten. Manche von ihnen ziehen sich einfach zurück, wenn sie sich infrage gestellt fühlen. Sie gehen nicht zum Gegenangriff über – sie blasen zum Rückzug. Sie ziehen sich aus der entsprechenden Beziehung oder dem damit verbundenen Umfeld zurück. Manche Ehen verlaufen so. Es kommt zwar nie zum großen Knall, und doch verlieren sich zwei Menschen, weil sich einer von ihnen mehr und mehr abkapselt. Er vermeidet Streit. Er will nicht, dass noch mehr Wunden entstehen. Also zieht er sich emotional mehr und mehr in seine eigene Welt zurück.

Ich selber bin zuweilen eine Mischung aus verwundetem Verwunder und verwundetem Vermeider. Ich bin mit beiden Strategien vertraut. Das ist mir vor einigen Jahren bewusst geworden, als ich einige bezeichnende Ereignisse und meine Reaktionen darauf etwas genauer unter die Lupe nahm. Ich bin ebenso gut darin, zurückzuschlagen und andere zu verwunden, wie auch darin, weitere Zurückweisung durch die Freundlichkeitsstrategie zu vermeiden.

> Nicht alle verwundeten Vermeider wählen die Strategie der besänftigenden Freundlichkeiten. Manche von ihnen ziehen sich einfach zurück, wenn sie sich infrage gestellt fühlen.

In meinen ersten Jahren als Pastor machte mich Karin, meine Frau, mehrmals darauf aufmerksam, dass ich übermäßig auf Kritik reagierte. Anfangs ignorierte ich ihre »Diagnose«. Da und dort musste ich aber zugeben, dass ich zu empfindlich war, wenn meine Arbeit auch nur ein klein wenig infrage gestellt wurde. Da waren ein paar Leute mit einer Entscheidung nicht einverstanden, und ich begann schon, Stelleninserate zu studieren.

An eine Situation erinnere ich mich besonders gut. Es war unmittelbar vor einem Gottesdienst, in dem ich predigen sollte. Die meisten Leute hatten bereits Platz genommen. Auch ich saß wie gewohnt in der ersten Reihe und wartete auf die Musik, die den Gottesdienst eröffnete. Da stand auf einmal eine Frau im mittleren Alter neben mir. Ich kannte sie und wusste, dass sie mir gegenüber eher kritisch und zurückhaltend eingestellt war. Schon an ihrem Gesichtsausdruck merkte ich, dass sich da nichts Gutes anbahnte. Sie setzte sich neben mich und schon brach es aus ihr heraus: »Also, ich muss dir etwas sagen: Diesen Witz, den du vor einer Woche während der Predigt erzählt hast, fand ich absolut daneben. So etwas ist eine Schande! So etwas tut man nun wirklich nicht in einer Kirche! Du solltest dich schämen. So, das wollte ich dir noch sagen!« Sie war bereits wieder aufgestanden und verschwand in den hinteren Reihen der Kirche.

Da saß ich nun, vor den Kopf gestoßen, überrumpelt und irritiert, und konnte nicht mehr reagieren. Der Gottesdienst begann und ich hatte zu predigen. Ich ließ mir nichts anmerken, aber innerlich war ich aufgewühlt. Nach dem Gottesdienst war diese Frau bereits verschwunden und ich konnte nicht mit ihr sprechen.

Zu Hause erzählte ich meiner Frau, was vorgefallen war. Ich war so wütend, dass ich meinen Kropf so richtig leerte und über diese unmögliche Frau herzog, die auf eine so ungeschickte Weise in einem denkbar ungünstigen Moment ihren Frust an mir loswerden musste. Ich ließ kein gutes Haar an ihr übrig und fügte meinen Worten noch zehn andere Gründe an, weshalb diese Frau nun wirklich alles andere als ein ernst zu nehmender Christ sei.

Nachdem sich Karin das eine Weile angehört hatte, meinte sie auf einmal: »Sag mal, was hast du eigentlich? Weshalb regst du dich so sehr auf? Ich finde, dass du hier völlig überreagierst.« Doch ich war noch nicht zu Ende: »Weißt du, ich habe einfach keine Lust mehr, mich mit solch freudlosen, verklemmten und fromm verbogenen Menschen herumzuschlagen! Ich mach so nicht weiter. Das ist doch einfach vergebliche Mühe ...!« Und wieder meinte Karin: »Aber das steht doch in keinem Verhältnis zu dieser Situation. Du kannst doch nicht so empfindlich auf einen solchen Vorfall reagieren.«

Ich brauchte noch ein, zwei Stunden, bis ich mir eingestand, dass meine Frau recht hatte. Es stimmte: Meine Reaktion war dieser Situation überhaupt nicht angemessen. Ich hatte völlig überreagiert. So wie ich das meistens tat, wenn ich mich infrage gestellt fühlte.

Beim Nachdenken darüber wurde mir auch klar, weshalb ich so reagiert hatte. Ich fühlte mich zurückgewiesen, und das löste in mir wiederum das Gefühl des Verlassenseins aus. Da meldeten sich wieder einmal meine Seele und ihre Angst. Meine Seele, die an eine alte Wunde erinnert wurde. Die deshalb solchen Schmerz empfand, weil ich mich dieser Angst noch nie gestellt hatte und auch Gott noch nicht an sie herangelassen hatte. Darum also dieses übermächtige Bedürfnis, dieser Frau, die mich kritisiert hatte, eines auszuwischen. Oder mich zurückzuziehen und ihr nie mehr zu begegnen.

Meine Überreaktion war eine Lektion Gottes für mich. Es war ein Fingerzeig, der mich auf meine Wunde aufmerksam machte. Und der mir bewusst machte, wie lang Gott schon auf meine Erlaubnis wartete, sich um diese Wunde kümmern zu können.

Im Laufe der kommenden Monate und Jahre (und wieder mit der Hilfe von guten Freunden und Beratern) lernte ich zwei Dinge: Erstens, meiner Wunde nicht länger auszuweichen, sondern mit ihr in die heilende Gegenwart Gottes zu gehen. Und zweitens, auf ähnliche Vorkommnisse, die erneuten Schmerz auslösten, anders zu reagieren. Ich begann, zu Menschen, durch die ich mich verletzt fühlte, hinzugehen und ihnen ruhig und ohne angreifenden Tonfall zu sagen: »Schau, da ist etwas vorgefallen, das mich beschäftigt. Es hat bei mir etwas Ungutes ausgelöst, und ich befürchte, es könnte unsere Beziehung belasten. Das möchte ich nicht. Können wir darüber sprechen?« So lernte ich, der Sackgasse zu entfliehen, in die ich als verwundeter Verwunder oder verwundeter Vermeider immer wieder hineingeraten war. Ich lernte, Dinge anzusprechen, ohne den anderen mit meinen Worten bezwingen zu wollen. Ohne ihm vorzuwerfen, was für ein furchtbarer Kerl er sei. Ich lernte, ein offenes Gespräch zwischen zwei gleichwertigen, ebenbürtigen Menschen zu suchen, bei dem wir Vorgefallenes offen ansprachen, damit wir beide wieder zur Ruhe und zu einem guten Miteinander finden konnten.

Der verwundete Heiler

Im Umgang mit unseren Wunden gibt es einen dritten Weg. Es ist der Weg, den reife Menschen gehen. Ihre Wunden erfahren Gottes heilende Berührung. Es ist der Weg des sogenannten »wounded healers«, des verwundeten Heilers. Ich meine, dass ich diesem Ausdruck zum ersten Mal in einem von Henry Nouwens Büchern begegnet bin.

Man kann diese Bezeichnung leicht missverstehen. Ein verwundeter Heiler ist nicht ein langhaariges, Stirnband tragendes, esoterisch angehauchtes Heilungsgenie, das andere Menschen mit einer Mischung von Volksmedizin, Populärpsychologie und einigen religiösen Formeln zu beschwören versucht. Ein verwundeter Heiler ist ein Mensch, der selber Verwundung erlebt hat. Er hat sich seinen Wunden gestellt und Christus eingeladen, sie zu berühren. In diesem Prozess befähigt und beauftragt Gott ihn, anderen Menschen etwas weiterzugeben, das er nur dadurch geben kann, weil er selbst den Schmerz dieser Wunden kennt. Dass er anderen etwas Gutes, Heilsames, Ermutigendes mitgeben kann, geschieht nicht trotz seiner Wunde. Es ist ihm vielmehr nur deshalb möglich, *weil* er eine Wunde hat. Ein verwundeter Heiler wird von Gott also gerade aufgrund seiner Wunden dazu gebraucht, andere Menschen aufzubauen und ihnen Gutes weiterzugeben.

> Im Umgang mit unseren Wunden gibt es einen dritten Weg. Es ist der Weg, den reife Menschen gehen. Ihre Wunden erfahren Gottes heilende Berührung.

Ein ermutigendes Beispiel für einen verwundeten Heiler finden wir in der Bibel. Paulus beschreibt, wie Gott ihn gerade durch erfahrene leidvolle Zurückweisung dazu befähigt, andere Menschen aufzubauen und zu ermutigen:

> *Auch wenn ich viel Bedrängnis durchstehen muss, gibt er mir immer wieder Mut. Darum kann ich auch anderen Mut machen, die Ähnliches durchstehen müssen. Ich kann sie trösten und ermutigen, so wie Gott mich selbst getröstet und ermutigt hat* (2. Korinther 1,4; GNB).

Paulus erlebt, wie Menschen ihn zurückweisen, ablehnen, anschwärzen, verfolgen – nicht nur Menschen, die nicht an Gott glauben, sondern auch fromme Juden und sogar Mitchristen. Von vielen Seiten erlebt er harte Kritik und Angriffe, die ihn an das Ende seiner Kraft bringen:

> *Ihr sollt wissen ... dass ich in der Provinz Asien in einer ausweglosen Situation war. Was ich zu ertragen hatte, war so schwer, dass es über meine Kraft ging. Ich hatte keine Hoffnung mehr, mit dem Leben davonzukommen, ja, ich war ganz sicher, dass das Todesurteil über mich gesprochen war* (2. Korinther 1,8-9a; GNB).

Paulus macht keinen Hehl daraus: »Es setzt mir zu, wie andere mit mir umgehen. Sie tun mir weh. Sie machen mir viel Druck. Sie verwunden mich. Ich kann das nicht einfach locker wegstecken« (siehe 2. Timotheus 4,10.14.16; 2. Korinther 6,4b-5; 11,23-28).

Dennoch lässt er es nicht zu, dass er einfach nur ein Opfer ist. Seine Wunden sollen nicht mit ihm umgehen; er geht mit ihnen um. Das tut er, indem er auf zwei Dinge achtet: Er lässt erstens Gott an seine Wunden heran. Er lässt seine irritierte Seele von Gott berühren und trösten: *... wie Gott mich selber getröstet und ermutigt hat* (2. Korinther 1,4b; GNB). Es sieht so aus, als hätte Paulus einen Weg gefunden, seine unzähligen Wunden und die Ablehnung von Gott behandeln zu lassen. Zweitens setzt Paulus das, was er an Gottes Wirken an seiner Wunde erfährt, zugunsten anderer Menschen ein: *Darum kann ich anderen Menschen Mut machen, die Ähnliches durchstehen müssen; ich kann sie trösten und ermutigen ...* (Vers 4a). Weil er am eigenen Leib erfahren hat, was es heißt, verwundet zu sein, weiß er sich befähigt, anderen Menschen in ihren eigenen Schwierigkeiten beistehen zu können. Paulus ist ein verwundeter Heiler geworden!

> Seine Wunden sollen nicht mit ihm umgehen; er geht mit ihnen um.

Dieses Buch handelt im Wesentlichen davon, wie wir solche verwundete Heiler werden können. Ich möchte Sie auf einen Weg mitnehmen, auf dem Sie entdecken können, wie selbst verwundete Menschen mit Grenzen, Gefährdungen und schmerzhaften Erinnerungen mit Gottes Hilfe Wege finden können, sodass von ihnen Heilendes ausgeht. Gerade durch sie kann Gott an anderen heilend handeln.

Kapitel 3:

Die Berührung

Die fünfjährige Johanna bettelte so lange, bis ihre ältere Schwester ihr erlaubte, auf dem Gepäckträger ihres Fahrrades mitfahren zu dürfen. Nun kurvten unsere beiden Töchter gemeinsam durch die Gegend. Ihr fröhliches Geplauder, Gelächter und Gejohle war weithin hörbar.

Wie es geschah, wussten im Nachhinein beide nicht mehr. Irgendwie kam das Fahrrad ins Schleudern. Dabei geriet Johannas Fuß zwischen den Rahmen und die Speichen des hinteren Rads. Das Fahrrad kippte um und begrub unsere beiden Mädchen unter sich. Nachdem sie sich mühsam befreit hatten, kamen sie bleich und laut schreiend ins Haus. Nach dem ersten Schreck war klar, dass die Sache weit schlimmer hätte ausgehen können. Neben ein paar Prellungen war da lediglich eine faustgroße, offene Stelle an Johannas Fuß, die nicht gut aussah. Wir fuhren mit ihr zum Arzt. Dort wurde die Wunde verbunden und unsere Jüngste konnte wieder nach Hause.

Nach zwei Tagen stellten wir fest, dass sich Johannas Fuß oberhalb des Knöchels zunächst rot und dann blau zu verfärben begann. Nichts Gutes ahnend fuhren wir erneut zum Arzt, der Johanna sofort ins Krankenhaus einliefern ließ. Dort bestätigte sich der Verdacht auf Wundbrand. Es waren die ersten Anzeichen einer Blutvergiftung.

Nach etwa fünf Tagen, an denen Johanna in ihrem Krankenhausbett still liegen musste, konnten wir sie wieder nach Hause holen. Die Wunde sah schon viel besser aus. Aber sie brauchte noch einige Pflege. Dreimal am Tag musste meine Tochter ihren Fuß für jeweils dreißig Minuten in einer braunen, übel riechenden Brühe baden. Einmal täglich kam eine Pflegefachfrau zu uns nach Hause, um die Behandlung zu überwachen. Uns alle ekelte vor dieser scheinbar so »gesunden« Lösung, und wir fragten uns, wie so etwas gut für eine Wunde sein konnte ... Aber natürlich wussten wir alle, dass dies –

allem Anschein zum Trotz – ein gutes, wirksames Medikament war. Und tatsächlich: Der tägliche Kontakt der Wunde mit dieser Lösung brachte sichtbaren Fortschritt. Langsam bildete sich eine schöne Kruste über Johannas Wunde. Die Verfärbungen verschwanden. Bald konnte Johanna ihren Fuß wieder vorsichtig aufsetzen. Der Heilungsprozess entwickelte sich gut.

Heute rennt die mittlerweile neunjährige Johanna gesund und munter mit ihren Freundinnen und Geschwistern umher. Das Einzige, was uns an den damaligen Unfall erinnert, ist eine große, weiße Narbe auf der Innenseite ihres Fußes. Es waren fachkundige Menschen und diese entzündungshemmende Lösung, die Johannas Bein retteten. Die Behandlung durch heilende Hände und die Berührung mit wirksamen Arzneimitteln hatten ihren guten Dienst getan.

Heilsame Berührungen – das ist es, was Wunden brauchen. Sie müssen in Kontakt kommen mit einem Gegenmittel, das die drohende Vereiterung und den damit verbundenen Schmerz aufzuhalten vermag.

Mit unseren inneren Wunden ist es nicht anders. Sie brauchen die Berührung mit etwas, das sie beruhigt und reinigt. Sonst breiten sie sich aus, eitern vor sich hin und richten großen Schaden an. Wir haben gesehen, dass Menschen, die sich ihren Wunden nicht stellen, beginnen, andere zu verwunden. Oder sie werden zu lebenslangen Vermeidern. Manchmal auch zu beidem. Damit wir jedoch zu verwundeten Heilern werden können, brauchen wir das eingreifende Handeln Gottes an unserer Seele. Seine Berührung. Christus muss Zugang zu meiner Wunde bekommen, damit aus ihr etwas Gutes werden kann. Außerdem sollte ich auch lernen, gut mit meiner Wunde umzugehen. Das ist in der Regel ein langer, manchmal ein lebenslanger Weg. Es gibt keine Kurzausbildung zum verwundeten Heiler. Welche Schritte gehören zu diesem Weg?

> Christus muss Zugang zu meiner Wunde bekommen, damit aus ihr etwas Gutes werden kann.

Zunächst muss ich Verantwortung für mein Verwundetsein übernehmen. Ich bin nicht verantwortlich für die Entstehung mancher Wunde, die in meiner Seele schmerzhafte Spuren hinterlassen hat. Das gilt vor allem für Wunden, die aus meiner Kindheit stammen. Ich bin jedoch verantwortlich dafür, was nun mit dieser Wunde geschieht. Ob sie weiterhin Schaden anrichtet; ob sie versorgt wird; ob sie sich ausweitet; ob sie mich lähmt. Ein verwundeter Heiler wird man nicht automatisch. Auch wenn das Entscheidende von Gott gewirkt und geschenkt ist – ich muss wollen und zulassen, dass er es tut. Ich muss ein verwundeter Heiler werden *wollen*. Wenn ich diese Entscheidung erst einmal getroffen habe, helfen drei weitere Schritte auf dem Weg zum verwundeten Heiler.

Beim ersten Schritt geht es darum, dass wir die Auseinandersetzung mit unseren Wunden nicht alleine anpacken, sondern uns darin begleiten und beraten lassen. Der zweite und der dritte Schritt sind geistliche Übungen. Wir lernen, unsere Wunden in die Wunde von Jesus Christus zu legen. Dann segnen wir den »Feind in uns«, der uns in unserer Wunde begegnet.

Sich begleiten lassen

Über den Gewinn und die Chancen, die es mit sich bringt, wenn man sich in Lebens- und Glaubensfragen von Beratern, Seelsorgern, geistlichen Vätern oder Müttern und Mentoren begleiten lässt, habe ich in meinem Buch *Echt und stark* an mehreren Stellen geschrieben. Lassen Sie mich darum nur die wichtigsten Gedanken dazu skizzieren.

Es ist meine Grundüberzeugung, dass Gott uns nicht dazu geschaffen hat, mit unseren Wunden alleine zurechtzukommen. Glaube und Nachfolge sind grundsätzlich keine »Solonummer«. Es gibt keine gesunde Entwicklung als Christ und keine Glaubensreife, wenn man seine Beziehung mit Gott nur privat lebt. Christus besser kennenlernen und ihm ähnlicher werden geschieht dort, wo ich in tragende Beziehungen eingebunden bin. Es ist nach dem Neuen Testament undenkbar, seinen Glauben außerhalb einer verbindlichen Gemeinschaft zu leben. Das ist wie ein Widerspruch in sich. Gute Beziehungen, in denen man einander auf der Ebene des Herzens kennt, spielen bei der Frage, ob wir uns zum Positiven verändern oder nicht, eine entscheidende Rolle. Wer keine Menschen um sich hat, mit denen er über seine persönlichen Fragen, Kämpfe, Zweifel, Versagen und Herausforderungen reden kann, der wird zwangsläufig stehen bleiben.

Dieser Zusammenhang zwischen tragenden Beziehungen und persönlicher Lebensveränderung taucht wie ein roter Faden in den Evangelien, der Apostelgeschichte und den Briefen des Neuen Testaments auf. Auch im Alten Testament war klar: Das erste Markenzeichen des Gläubigen ist, dass er in das Volk Gottes eingebunden ist. Nicht bloß theoretisch, sondern tatsächlich. Glaubende sind keine Eremiten, sondern auf Gemeinschaft hin angelegte Menschen, die nur so leben und überleben können. Es ist unmöglich, mit offenem Herzen die Bibel zu lesen und dieses Grundgesetz zu ignorieren.[4] Vor diesem Hintergrund ist es einleuchtend, dass man gar nicht erst versuchen sollte, alleine mit seinen Wunden fertig zu werden.

Im frühen Christentum und auch noch im Mittelalter gehörte es zu den Selbstverständlichkeiten des Glaubens, sich regelmäßig mit einem geistlichen Begleiter zu treffen. Geistliche Väter und Mütter gaben Anleitung, wie man seinen eigenen Glaubensweg gestalten konnte. Man besprach mit ihnen seine Fragen und Zweifel, seine

---

4 An dieser Stelle nur fünf Aussagen im Neuen Testament, die diesen biblischen Grundsatz unterstreichen (selbstverständlich gibt es unzählige weitere Stellen): Jesus verheißt seine Gegenwart den Menschen, die in seinem Namen zusammenkommen: Matthäus 18,20; unser Umgang mit anderen Christen macht sichtbar, wie wir mit Christus umgehen: Matthäus 25,40 und 45; eine tragende Gemeinschaft war das Kennzeichen der ersten Christen: Apostelgeschichte 4,32-35; Christ zu werden heißt, der Gemeinde zugefügt zu werden: 1. Korinther 12,13; Wachstum geschieht dort, wo Glaubende aufeinander bezogen leben: Epheser 4,15-16.

Schwierigkeiten mit dem Gebet. Seine Kämpfe und Versuchungen. Diese geistlichen Väter und Mütter gaben Rat mit dem Ziel, dass der Ratsuchende einen eigenständigen Glauben entwickeln konnte. Sie waren Förderer und Lehrer für ein reifes Leben in der Nachfolge von Jesus Christus.[5]

Je mehr infolge der Aufklärung und des Humanismus unser Weltbild von einem individualistischen Denken geprägt wurde, umso mehr wurde auch der Glaube zu einer »Solonummer«. Statt sich Rat und Weisung in der Gemeinschaft zu suchen, begannen eifrige Christen, sich mit persönlichen Erbauungsübungen zu beschäftigen. Die »persönliche Heiligung« – die von der Beziehung zu anderen Christen weitgehend unabhängige Bemühung, durch Gebet, Bibellesen, Sündenbekenntnis, Hingabe usw. Gott näherzukommen – wurde immer wichtiger. Mehr und mehr betrachtete man diesen persönlichen Einsatz als entscheidenden Faktor in der Frage, ob und wie ein Christ sich entwickelte.

> Mir fällt auf, wie viele ernsthafte Christen sich damit schwertun, sich persönlich begleiten zu lassen. Und so versuchen wir mit unseren Wunden irgendwie selber fertig zu werden.

Mir fällt auf, wie viele ernsthafte Christen sich damit schwertun, sich persönlich begleiten zu lassen. Dieser einst so selbstverständliche Gedanke der geistlichen Begleitung ist uns fremd geworden. Und so versuchen wir mit unseren Wunden irgendwie selber fertig zu werden. Meist erfolglos – denn Gottes wirksamste Strategie zur Erneuerung und Heilung unseres Lebens ist und bleibt sein Wirken an uns durch andere Menschen.

Nach diesem Plädoyer ist deutlich geworden, was mir wichtig ist: Versuchen Sie nicht alleine, mit Ihren Wunden fertig zu werden! Es

5 Siehe dazu den hilfreichen Artikel von Eugene Peterson: *On Finding a Spiritual Director.* Diesen Artikel finden Sie im Internet unter: www.christianitytoday.com/biblestudies/areas/biblestudies/articels/080625.html, oder in der Zeitschrift *Leadership Journal,* April 1, 1983. Siehe auch: André Louf OSCO und Meinrad Dufner OSB: *Geistliche Vaterschaft.* Münsterschwarzach: Vier-Türme-Verlag, 1984.

ist vergeudete Zeit. Es produziert unnötige Frustration und Entmutigung. Lassen Sie sich helfen! Ein Berater oder geistlicher Begleiter kann Ihnen helfen, im Umgang mit Ihrer Wunde einen entscheidenden Schritt weiterzukommen.

Doch welche Elemente gehören zu einer guten geistlichen und seelsorgerlichen Begleitung, wenn es um unsere Wunden geht?

Verstehen, wie die Wunde entstanden ist

Es ist hilfreich zu verstehen, wie die Wunde entstanden ist. Woher kommt der Schmerz? Welche Ereignisse in meiner Kindheit oder auch in letzter Zeit haben zu diesen Irritationen in meiner Seele geführt? Welche Personen und Umstände waren involviert? Welche Ereignisse, Worte, Gesten waren für mich besonders schmerzhaft? Wie habe ich sie interpretiert? Was genau habe ich gefühlt? Welche Schlussfolgerung hat meine Seele daraus gezogen?

Das Gespräch über diese Fragen hilft mir zunächst einmal, mich selbst zu verstehen. Wie ich reagiere. Wie ich Ereignisse interpretiere. Welche Grundüberzeugungen ich über mich und andere verinnerlicht habe. Ich stelle mich damit der Wahrheit: So sieht es in mir aus. So denke, fühle und beurteile ich diese Situation, mich selbst und andere Menschen. Dabei ist es zunächst nicht wichtig, ob meine Wahrnehmung tatsächlich richtig ist. Ob ich damit recht habe oder nicht. Ob es dem entspricht, wie Gott die Dinge sieht oder nicht. Es ist im Moment die für mich gültige Realität. Wenn ich sie nicht kenne und nicht anerkenne, gibt es kaum Heilung und Veränderung für meine Wunden.

Neuorientierung

Ein guter geistlicher Begleiter zeichnet sich dadurch aus, dass er mir hilft, meine Grundüberzeugungen zu reflektieren im Licht von Gottes Gedanken, die er über mich und meine Mitmenschen hat. Unaufdringlich, aber klar hilft er mir zu erkennen, wie Gott diese Situation sieht. Er führt mich hinein in Geschichten, Ereignisse und Abschnitte der Bibel, in denen meine Realität zur Sprache kommt.

Und er hilft mir zu sehen, welchen Weg der Neuorientierung Gott für Menschen wie mich bereithält.

Übernatürliche Intervention

Gute geistliche Begleitung beschränkt sich nicht auf einen kognitiven Prozess oder das bloße Reflektieren von Ereignissen und Gefühlen. Ein wichtiger Bestandteil ist die Bearbeitung der schmerzhaften Situation vor Gott. Dazu gehört das hörende, fragende Gebet, in dem man Gott darum bittet, dass er wichtige, noch verborgene Zusammenhänge erkennbar werden lässt. Dann gehört dazu auch, dass man Gottes Zusagen in die Wunden und Verunsicherungen hineinspricht. Man macht Gottes Annahme fest – inmitten der Gefühle des Zurückgewiesenseins. Gottes Mitgefühl im Blick auf den Schmerz. Dann gehört dazu auch, dass man die Situation vor Gott ausbreitet. Ein guter Begleiter hilft mir, das Problem vor Gott zu bringen, ihm zu übergeben und anzubefehlen. Er bittet mit mir und für mich um seine heilende Berührung.

Versöhnung

Im Kontext von Wunden geht es fast immer auch um Vergebung. Da sind Menschen, die versagt haben. Da bin ich selbst, der ich in meiner Reaktion auf diese Menschen versagt habe. Ich habe als Verwundeter andere verwundet. Ich bin als verwundeter Vermeider Menschen, Situationen und Verantwortungen ausgewichen. Ich habe meine Wunde verdrängt. Ich habe Anklage erhoben gegen andere, mich selbst und Gott.

Geistliche Begleitung hilft mir, mich für den Weg der Versöhnung zu entscheiden und diesen Prozess in Angriff zu nehmen und bis ans Ende zu gehen. Vergeben, loslassen, freigeben, segnen, bereinigen sind dabei wichtige Stichworte.[6]

---

6 Eine große Hilfe kann Ihnen dabei das folgende Buch sein: Lewis B. Smedes: *Vergeben und vergessen: Über die heilende Kraft der Vergebung.* Marburg an der Lahn: Verlag der Francke Buchhandlung GmbH, 2001.

Ermutigung zur Lebenskompetenz

Eine gute Begleitung beinhaltet immer auch die Anleitung zum verantwortlichen Leben. Dazu gehört das Erlernen guter Strategien im Umgang mit Menschen. Wie man Konflikte meistert. Wie man Wege finden kann, mit schwierigen Menschen zurechtzukommen. Wie man während Durststrecken durchhalten kann. Wie man Gott in herausfordernde Alltagssituationen einbeziehen und ihm vertrauen kann. Wie man auf erneute Verwundungen so reagieren kann, dass sie nicht zu Lebenslasten werden. Wie man loslässt, was man nicht halten kann. Wie man sich den Lektionen stellen kann, die Gott uns vor die Füße legt. Wie man widerstandsfähiger wird angesichts von Entmutigung, Rückschlägen und den Ungereimtheiten des Lebens. Eines der Ziele von geistlicher Begleitung ist das Starkwerden als Christ und als Mensch. Dieses Ziel hat auch der Seelsorger Paulus verfolgt, wenn er Menschen begleitete, lehrte und für sie betete (siehe Kolosser 1,9-12 und 1. Thessalonicher 2,11-12).

Wenn Sie nach einer solchen persönlichen Begleitung Ausschau halten, sollten Sie wissen: Der Erfolg solcher Treffen hängt weniger von Ihrem Begleiter ab als vielmehr von *Ihrer* Lernbereitschaft. Viele Menschen, die Begleitung möchten, suchen nach einem perfekt auf sie zugeschnittenen, möglichst erfahrenen, kompetenten, weisen Begleiter. Sie haben ein überhöhtes Ideal. Weil keiner ihre hochgeschraubten Erwartungen erfüllen kann, wechseln sie alle paar Monate ihren Berater und brechen den Prozess frühzeitig ab. Solche Menschen machen sich etwas vor. Sie richten ihre Erwartungen in die falsche Richtung. Der Begleiter soll es richten. Wenn er versagt, dann erlaube ich mir, die Sache aufzuschieben und nicht wirklich entschieden daran zu arbeiten. Peter Steinke schreibt: »Es gibt keine großartigen Therapeuten, nur großartige Ratsuchende.«[7] Ihr Wille

7 Peter L. Steinke: *How Your Church Family Works: Understanding Congregations as Emotional Systems*. Herndon, Virginia: The Alban Institute, 2006.

zur Veränderung und Ihre Kooperation sind die entscheidenden Komponenten, ob ein Begleitungsprozess Erfolg hat, und nicht die Frage, ob Ihr Begleiter Ihrem Ideal entspricht.

Die Bombe entschärfen

Beim zweiten und dritten Schritt geht es darum, dass unsere Wunde durch Gottes Berührung »entschärft« wird. Denken Sie an eine der unzähligen Bomben aus dem Zweiten Weltkrieg, die auch heute noch immer wieder bei Bauarbeiten in Deutschland gefunden werden. Solche »blinden Bomben« sind gefährlich, denn sie können theoretisch immer noch hochgehen und würden damit großen Schaden anrichten. Deshalb müssen sie zuerst aufwendig entschärft werden, bevor sie gefahrlos entsorgt werden können. Unversorgte Wunden in unserer Seele sind wie »blinde Bomben«. Sie können jederzeit aufbrechen und Schaden anrichten. Wer gut mit seinen Verletzungen umgehen will, muss deshalb wissen, wie sie »entschärft« werden können.

Es gibt keinen besseren Weg, meine Lebenswunden zu entschärfen, als sie von Jesus Christus berühren zu lassen.

Ich stelle Ihnen im Folgenden zwei geistliche Übungen vor, die uns dabei helfen. Wir erlauben auf diese Weise Gott, unsere Wunde heilend zu berühren. Lassen Sie mich vorher aber kurz erklären, was ich mit »geistlicher Übung« meine. Geistliche Übungen (oder: Disziplinen) sind Verhaltensweisen und Gewohnheiten, die ich regelmäßig praktiziere. Deshalb werden sie auch »Übungen« genannt, weil ich sie über einen Zeitraum von Wochen, Monaten und Jahren wiederhole. Der Sinn dabei ist, dass ich Gott Raum gebe und ihn bitte, an mir zu handeln. Sie bilden einen Rahmen, den Gott ausfüllen soll, damit ich verändert und erneuert werde. Die geistliche Übung als solche bewirkt nicht das Entscheidende. Sie schafft nur Raum, damit Gott etwas an mir tun kann, das mir selbst nicht möglich ist.[8] In diesem Fall die heilende, segnende, verändernde Berührung meiner Wunde.

Die Berührung meiner Wunde durch den verwundeten Christus

Es gibt keinen besseren Weg, meine Lebenswunden zu entschärfen, als sie von Jesus Christus berühren zu lassen. Ich umschreibe diesen Schritt auch so: Ich lerne, meine Wunde in die Wunde von Christus zu legen. Die Grundlage für diese Übung finden wir in Jesaja 53, besonders in den ersten Versen. Es bietet sich geradezu an, sich während mehrerer Wochen und Monate bewusst mit diesem Text auseinanderzusetzen – ihn zu meditieren, zu beten und dabei seine eigene Wunde in die Wunde von Jesus Christus zu legen und sie von ihm berühren zu lassen.

Die christliche Tradition erkennt im Gottesknecht, von dem Jesaja 53 spricht, den Messias Jesus Christus. Nach diesem Text ist Jesus der Urtypus des zurückgewiesenen, abgelehnten Menschen. Er ist der Verwundete schlechthin.

> *Er hatte keine Gestalt und keine Pracht, dass wir ihn angesehen hätten, und sein Aussehen war nicht so, dass er uns gefallen hätte. Verachtet war er und von Menschen verlassen, ein Mann der Schmerzen und mit Krankheit vertraut und wie einer, vor dem man das Gesicht verhüllt, ein Verachteter, und wir haben ihn nicht geachtet* (Jesaja 53,2b-3; ZÜ).

Die hier beschriebene Schwachheit ist einer der Gründe, weshalb das Judentum diese Zeilen nicht mit dem Messias in Verbindung bringt. Es kann sich keinen derart schwachen, niedrigen und verwundeten Messias vorstellen. Wir erkennen hier aber den Christus, von dem auch die Evangelien berichten: Jesus, ein Verlassener. Ein

---

8 Das gilt für alle geistlichen Übungen: das Gebet, das Lesen und Meditieren der Bibel, das Hören auf Gott in der Einsamkeit und der Stille, der Dienst, die Gemeinschaft, das Fasten usw. Ihr Wert besteht darin, dass durch sie ein Freiraum entsteht, in dem Gottes Wirken mein Denken, Fühlen und Wollen besser erreichen kann, weil ich mich ihm bewusst öffne.

Verwundeter. Seine Verwundung hat dieselbe Wurzel wie unsere Wunden: Er wurde zurückgewiesen. Er wurde abgelehnt – was seinen Höhepunkt im Tod am Kreuz fand. Jesus, der Abgewiesene, der Verachtete. Er entsprach nicht dem, was die Menschen von ihm erwartet hatten. *Voller Abscheu wandten wir uns von ihm ab. Wir rechneten nicht mehr mit ihm* (Vers 3b; GNB).

Hier begegnen wir dem Kern dessen, wie Lebenswunden entstehen: Die Zurückweisung durch andere Menschen führte bei Jesus zu körperlicher Verwundung und zum Tod am Kreuz. Die Wunden unserer Seele haben eine vergleichbare Geschichte. Wenn ein Mensch fühlt, dass andere nicht mehr mit ihm rechnen, dass man sich von ihm abwendet, weil er gewisse Erwartungen nicht erfüllt, weil das, was er bieten kann, nicht reicht, dann erfährt er Zurückweisung. Jesus weiß aus eigener Erfahrung, wie sich das anfühlt.

Doch dann heißt es weiter in Vers 4 und 5:

> *In Wahrheit aber hat er die Krankheiten auf sich genommen, die für uns bestimmt waren. Und die Schmerzen erlitten, die wir verdient hatten. Wir meinten, Gott habe ihn gestraft und geschlagen. Doch wegen unserer Schuld wurde er gequält. Und wegen unseres Ungehorsams geschlagen. Die Strafe für unsere Schuld traf ihn. Und wir sind gerettet. Er wurde verwundet und wir sind heil geworden* (GNB).

In der neu übersetzten Zürcher Bibel lautet der Schluss des letzten Satzes in Vers 5: *... durch seine Wunden haben wir Heilung erfahren.* Hier wird uns gesagt, dass wir als Glaubende in den Wunden des Leidens von Jesus Christus Heilung finden. Wenn unsere Lebenswunden mit den Wunden von Jesus in Berührung kommen, wenn sich diese zwei Wunden begegnen, dann wird es mit meiner Wunde nicht noch schlimmer, sondern besser. Das ist, wie wenn einem Menschen, der von einer Giftschlange gebissen wird, ein Serum (welches ebenfalls auf Schlangengift basiert) eingespritzt wird und er dadurch vom Tod gerettet wird und gesund werden kann. In der Wunde von Jesus Christus erfährt meine Wunde eine übernatürliche, heilende Berührung. Dort ist sie gut aufgehoben. Seine Wunde macht mich heil. Darum gehören meine Wunden in seine Wunde. Dort kann ihnen geholfen werden. So wie jene braune Lösung die Verletzung am Fuß meiner Tochter gereinigt hat, werden die Wunden unserer Seele durch die Berührung des körperlich verwundeten Christus gereinigt.

Darin also besteht diese geistliche Übung. Ich werde still vor Gott und vergegenwärtige mir den verwundeten, am Kreuz leidenden Messias Jesus. Dort hängt er, zerschlagen und blutend, zurückgewiesen und abgelehnt. Und nun stelle ich mir vor, wie ich meine Wunde wie einen Gegenstand in meiner Hand trage und damit zum gekreuzigten Jesus Christus gehe und sie ihm übergebe. Ich lege meine Wunde in seine Wunde. In seine von Nägeln durchbohrte, verwundete Hand. Oder in die Wunde an seiner Seite (siehe Johannes 20,25). Ich stelle mir vor, wie diese Wunden von Jesus sich öffnen und meine Wunden in sich aufnehmen, so wie das Wasser einen schweren Gegenstand in sich aufnimmt, der in einem See versenkt wird.

In der Wunde von Jesus Christus erfährt meine Wunde eine übernatürliche, heilende Berührung. Dort ist sie gut aufgehoben. Seine Wunde macht mich heil.

Sie sehen: Diese Übung besteht darin, sich die Wahrheit von Jesaja 53,5 visuell vor Augen zu führen, sie innerlich nachzuvollziehen und für sich gelten zu lassen. Wenn ich das tue, überwältigt mich immer wieder etwas anderes als nur der Schmerz meiner eigenen Wunde. Ich sehe und empfinde auf einmal Jesu Schmerz, den ihm die Menschen zugefügt haben. Nicht irgendwelche Menschen; ich selbst gehöre zu ihnen: *Wegen unserer Schuld wurde er gequält. Und wegen unseres Ungehorsams geschlagen. Die Strafe für unsere Schuld traf ihn* (Jesaja 53,5; GNB). Doch trotzdem heißt er mich mit meiner eigenen Wunde bei sich willkommen. Er nimmt meine Wunde sogar zu seinen eigenen hinzu und flüstert mir zu: »Komm mit dem, was dich schmerzt und dich belastet. Ich will, dass du in meiner Wunde heil wirst!« (vgl. Matthäus 11,28).

Konkret gestalte ich diese Übung so, dass ich immer dann, wenn eine Wunde in mir aufbricht oder ich gerade einen neuen Schlag in eine meiner alten Wunden kassiert habe, mit diesem Ereignis im Gebet zu Christus gehe. Ein ruhiger, ungestörter Moment reicht dazu. Ich sehe innerlich den gekreuzigten Jesus vor mir. Ich stelle mir vor, wie ich meine Hand, in der meine Wunde liegt, ausstrecke und meine Wunde in die Wunde von Jesus lege. Dabei bete ich Worte wie diese: »Ich bringe dir diese Zurückweisung und übergebe sie dir. Ich tue es im Vertrauen, dass du meine Wunde berührst und mich heil machst. Dass du diese Wunde so versorgst, dass sie mir nicht zur Gefährdung wird. Sorge du selber dafür, denn ich kenne meine Neigung, aus meinem Verwundetsein heraus andere zu verwunden oder ein Vermeider zu werden. Ich weiß, dass ich mit meiner Wunde Schaden anrichten kann. Berühre du sie deshalb und lass mich durch deine Wunden Heilung erfahren.«

Einen Menschen segnen heißt: ihm Gutes wünschen. Ihm die wohltuende Berührung Gottes zusprechen. Ihn dem Einfluss Gottes aussetzen.

Dann halte ich einige Augenblicke inne und erwarte einfach, dass genau in diesem Augenblick Gott auf seine übernatürliche Weise meine Wunde berührt und sie im Blick auf ihr Gefahrenpotenzial entschärft.

Die »Feinde in mir« segnen

Eine zweite geistliche Übung, durch die die »Blindgänger« in unserem Inneren entschärft werden können, hat mit dem Segnen der Feinde in uns zu tun. Gibt es Menschen, die Sie als Ihre Gegner betrachten? Oder sogar als Feinde? Menschen, die gegen Sie vorgehen und Ihnen das Leben schwer machen? Die Verleumderisches über Sie verbreiten, Sie anklagen oder sogar verachten? Die Sie verletzt haben und sich danach einfach aus dem Staub gemacht haben? Die Sie über Jahre hinweg gequält haben? Jesus hat über den Umgang mit Feinden Revolutionäres gesagt. Anstatt sie zu bekämpfen, gegen sie vorzugehen und zu versuchen, sie loszuwerden, sollen wir sie segnen:

> *Euch, die ihr mir zuhört, sage ich: Liebt eure Feinde; tut denen Gutes, die euch hassen; segnet die, die euch verfluchen, und betet für alle, die euch schlecht behandeln* (Lukas 6,27-28; GNB).

Einen Menschen segnen heißt: ihm Gutes wünschen. Ihm die wohltuende Berührung Gottes zusprechen. Ihn dem Einfluss Gottes aussetzen: seinem gnädigen Wirken; seiner endlosen Liebe und seiner vergebenden Barmherzigkeit. Martin Luther King wies einmal darauf hin, dass man seine Feinde verliert, wenn man sie segnet. Man kann nicht weiter hassen, verachten und bekämpfen, was man segnet.

Wenn Jesus uns also auffordert, unsere Feinde zu segnen, dann steckt dahinter nichts anderes als die Absicht, dass wir unsere Feinde dadurch verlieren, dass wir sie wie Freunde behandeln. Sie mögen uns zwar immer noch als ihre Gegner betrachten und uns auch so behandeln. Wir selber aber werden von dem Gift befreit, das unser inneres Leben zerstören will. Wir hören auf gegen jemanden Groll, Hass und Rachegefühle zu empfinden. Das Segnen unserer Feinde ist ein Prozess, durch den Gott unser eigenes, verletztes Herz heilt – und manchmal auch das unserer Feinde (dann nämlich, wenn die unerwartete Freundlichkeit, die wir ihnen erweisen, ihr Herz erreicht).

Wenn wir die Worte von Jesus über das Segnen unserer Feinde lesen, denken wir meistens an andere Menschen. Bekannte, Nachbarn, Arbeitskollegen, Konkurrenten, mit denen wir in eine ernsthafte Auseinandersetzung geraten sind. Selten denken wir daran, dass es auch in uns selbst Feinde gibt. Manche unserer Gefühle, Erinnerungen und Wunden können zu Kräften werden, die uns zusetzen. Die uns plagen, lähmen und schmerzen. Es gibt Verhaltensmuster, die uns schaden und gegen die wir machtlos sind. Immer wieder knechten sie uns, lassen uns Dinge tun und Worte sagen, für die wir uns im Nachhinein schämen. Zu den Feinden in uns gehört alles, was aus uns selbst kommt und uns das Leben schwer macht. Unsere Wunden gehören dazu. Die Gefühle, die entstehen, wenn eine Verletzung wieder aufbricht. Die unguten Gedanken und Reaktionsmuster, die uns bestimmen, wenn jemand unserer unversorgten Wunde einen Schlag versetzt. Dann wachen in unserem Inneren schlafende Raubtiere auf. Kräfte, die zum Kampf ansetzen gegen diejenigen, die es gewagt haben, uns wieder zu verletzen. Kräfte, die aber vor allem uns selbst schaden, weil sie in uns Wut, Verärgerung, Verbitterung, verletzten Stolz, Hass usw. schüren. Bekanntlich sind das Regungen der Seele, mit denen wir uns selbst am allermeisten schaden.

Nichts weckt diese inneren Feinde mehr als unsere Lebenswunden. Denn sie sind immer mit destruktiven Empfindungen verbunden: mit Minderwertigkeitsgefühlen zum Beispiel, die aus erfahrener Zurückweisung resultieren. Einem übersteigerten Anerkennungs- oder Machtstreben, das nun darauf aus ist, Wiedergutmachung für die erfahrene Zurückweisung zu finden (denken Sie an die Geschichte Jeftahs im letzten Kapitel).

Meine eigenen Lebenswunden zum Beispiel führten wiederholt zu einem Übermaß an Stress. Ich verausgabte mich immer dann, wenn ich der Lüge glaubte, ich müsse Außerordentliches leisten, um von anderen Menschen angenommen und akzeptiert zu sein. In unbedachten Momenten packte mich diese Anerkennungssucht und forderte ihren Tribut: unzählige Überstunden, inneres Getriebensein, keine Zeit mehr für meine Familie, ständig unterwegs zu irgendwelchen Plattformen, auf denen ich mich wieder einmal beweisen konnte. Als ich dieses Muster erkannte, begann mein Versuch, es zu überwinden. Ich kämpfte dagegen an. Ich versuchte, es auszumerzen. Sie merken: Für mich waren diese Kräfte in mir wie Feinde.

Unsere Wunden haben ein paar schwer bewaffnete Widersacher im Schlepptau, die uns das Leben schwer machen. Je mehr wir uns ihrer bewusst werden (was gut und wichtig ist, um Veränderung erfahren zu können), umso mehr empfinden wir sie als Feinde, weil wir realisieren, wie sehr sie uns schaden. Mancher Feind, der im Gefolge einer Wunde in einem Menschen lebt, heißt Neid. Neid gegenüber all jenen, denen das gelungen ist, was mir verwehrt geblieben ist. Neid gegenüber dem erfolgreichen Pastor. Neid gegenüber der gut aussehenden Frau, die auch nach vier Kindern aussieht wie nach dem ersten Hochzeitstag. Oder Frustration, Entmutigung darüber, dass jemand so locker die Ausbildung geschafft hat, an der ich gescheitert bin. Missgunst und tiefe Traurigkeit denen gegenüber, die das Leben irgendwie locker nehmen können. Weil sie unerschütterliche Frohnaturen sind. Weil sie liebevolle, ermutigende Eltern hatten und ich nicht. Weil es das Leben und Gott einfach gut mit ihnen meinen – und mit mir scheinbar nicht. Anklage, Wut, Aggression darüber, dass wir selbst so vieles vermissen, was andere »einfach so« haben.

> Unsere Wunden haben ein paar schwer bewaffnete Widersacher im Schlepptau, die uns das Leben schwer machen. Je mehr wir uns ihrer bewusst werden, umso mehr empfinden wir sie als Feinde, weil wir realisieren, wie sehr sie uns schaden.

Oder auch die Einbildung und der Hochmut, wenn uns endlich etwas gelungen ist. Die Gedanken, mit denen wir dann auf andere herabsehen können. Die Gefühle, die uns dann nicht nur zuraunen: »Thomas, das hast du gut gemacht!«, sondern: »Habt ihr alle gesehen, was für ein toller Kerl ich bin?!« Diese Genugtuung all jenen gegenüber, die mich bisher nicht ernst genommen haben. Dieser Stolz, der mich dann auf einmal durchströmt und mein Inneres vergiftet.

Das alles sind Gefühle, die aufgrund von Wunden entstehen. Empfindungen, die uns selbst am meisten schaden. Feinde eben, die uns das Leben schwer machen. Umso mehr wir uns ihrer bewusst werden, umso mehr empfinden wir sie als solche. Wir möchten sie loswerden. Kämpfen und beten gegen sie an. Versuchen sie abzuschütteln. Niederzuringen. Hassen sie zutiefst und uns selbst, die wir so empfinden. Verachten sie und werden sie doch nicht los. Wir leiden darunter, denn je mehr wir unseren Wunden auf die Spur kommen, umso mehr wird uns bewusst, wie sehr manche Gefühle und Gedanken uns das Leben erschweren. Wie sie uns stressen und unseren Beziehungen schaden. Zu wie vielen Konflikten sie führen. Wie einsam sie uns manchmal machen. Echte Feinde also.

Erinnern Sie sich daran, was Jesus zum Umgang mit Feinden gesagt hat? Jesus gab uns im Blick auf sie nur diese eine Option: »Segne deine Feinde!«

Vor vielen Jahren saß ich einem meiner Freunde gegenüber und sprach mit ihm über solche Gefühle und Gedanken, wie sie oben beschrieben sind. Ich klagte ihm, wie erfolglos ich gegen sie kämpfte und sie loszuwerden versuchte. Wie wenig meine Gebete gegen sie auszurichten vermochten, weil sie mich im entscheidenden Augenblick wieder voll in ihre Zange nahmen. Er schaute mich an und fragte mich: »Empfindest du diese Gedanken und Gefühle als eine Art Feind, der dir zusetzt? Machen sie dir das Leben schwer wie ein Gegner, der dir Schlechtes antun will?« Ich konnte, ohne zu zögern, mit Ja antworten. Er schaute mich eindringlich an und fragte dann: »Wenn es für dich Feinde sind – hast du sie eigentlich auch schon mal gesegnet?« Ich stutzte. Gesegnet? Nie und nimmer wäre ich auf die Idee gekommen, diese unguten Neigungen in mir zu segnen! Ich antwortete deshalb: »Aber ich will sie doch nicht segnen; ich will sie loswerden! Ich will frei von ihnen werden!« Mein Freund ließ sich nicht beirren: »Das verstehe ich. Genau deshalb fragte ich dich, ob du diese Neigungen in dir schon einmal gesegnet hast. Wenn Jesus uns auffordert, unsere Feinde zu segnen, und du die Neigungen in dir als Feinde empfindest, dann solltest du auch diese Gefühle in dir segnen, anstatt verbissen gegen sie zu kämpfen.«

> Wenn ich gegen die Dinge, die mir an mir selbst nicht gefallen, hart bin, dann wende ich mich letztlich gegen mich selbst.

Was dann folgte, war eine für mich sehr wichtige Unterhaltung. Wir sprachen über die Rachepsalmen, in denen die Beter Gott anflehen, dass er mit ihren Feinden fertig wird. Wir sprachen über Römer 12, wo Paulus den Römern nahelegt, Bösem nicht mit Bösem, sondern mit Gutem zu begegnen, weil man es nur so überwinden kann (Römer 12,17.21). Mein väterlicher Freund ermutigte mich, diese Grundregel zum Umgang mit Feinden auch auf die Feinde in mir anzuwenden. Wenn also Böses, Ungutes in mir ist, dann macht es die Sache nicht besser, sondern schlimmer, wenn ich dagegen ankämpfe. Wenn ich mich selbst für meine Gefühle hasse, die in mir sind. Wenn ich sie verdränge, ablehne und hart gegen sie bin. Denn sie sind ein Teil von mir. Wenn ich gegen die Dinge, die mir an mir selbst nicht gefallen, hart bin, dann wende ich mich letztlich gegen mich selbst. Ich fühle mich innerlich gespalten, da ich einerseits bekenne, wie sehr Gott mich liebt, ich aber gleichzeitig streng und lieblos gegen mich selbst bin, weil ich mich mit meinen unfertigen Seiten nicht ausstehen kann.[9]

Wenn ich ein solch gespaltenes Verhältnis zu mir selbst habe, entwickle ich eine seltsame, widersprüchliche Spiritualität. Ich möchte einerseits von Gottes Kraft zum Guten verändert und erneuert werden. Ich möchte tiefer in der Liebe, Geduld und Barmherzigkeit Gottes, die er mir gegenüber hat und empfindet, verwurzelt sein. Gleichzeitig gibt es ganze Lebensbereiche und tiefe Empfindungen in meinem eigenen Leben, die ich nicht ausstehen kann; die ich hasse und mit Härte bekämpfe. Während ich die Liebe Gottes zu mir als unvollkommenem, fehlerhaften Menschen bekenne, tue ich selber das Gegenteil dessen, was Gott tut. Ich hasse meine Unzulänglichkeiten und damit auch mich selbst. Und so gehe ich mit den Gefühlen und Gedanken, die meine Wunden mit sich bringen, so um, wie nicht gläubige Menschen es mit ihren Feinden tun. Ich bekämpfe sie. Ich versuche, sie möglichst schnell loszuwerden und abzumurksen.

---

9 Anselm Grün hat ein hilfreiches Büchlein über das Hartsein mit sich selbst und seine unguten Folgen geschrieben. Anselm Grün: *Gut mit sich selbst umgehen.* Mainz: Matthias-Grünewald Verlag, 11. Auflage, 1999.

Jesus rät uns zu einem anderen Umgang mit Feinden. Wir sollen sie segnen. Wir sollen auf die Menschen und die Dinge, die uns das Leben schwer machen, den Frieden und den Einfluss Gottes legen. Sie seinen guten, heilenden, verändernden, liebevollen Möglichkeiten aussetzen.

Dieses Gespräch damals, im kleinen Wohnzimmer meines Freundes, wurde zu einem Wendepunkt in meinem Umgang mit meinen Wunden und den Gefühlen, die aus ihnen entstehen. Vorher wünschte ich mir, dass mich irgendein wirkungsvolles Gebet endlich ganz von ihnen befreite. Jetzt begann ich zu begreifen, dass gewisse Dinge sich erst lösen und zur Ruhe kommen, wenn der Segen Gottes auf sie kommt. Damals fing ich an, die Feinde in mir nicht weiter mit Härte und Rigorismus zu bekämpfen, sondern sie zu segnen. Sie dem guten, liebevollen Einfluss Gottes auszusetzen, statt ihnen mit Ablehnung (die sich ja letztlich gegen mich selbst richtete) zu begegnen. Diese zweite Übung wurde zu einem festen Bestandteil in meinem Umgang mit meinen Wunden.

Bei manchen Lesern mögen im Blick auf das hier Dargelegte einige Zweifel aufkommen, weil sie an Aussagen von Jesus denken, die in eine andere Richtung zu weisen scheinen. Zum Beispiel an die Worte Jesu, in denen er von der Selbstverleugnung spricht (Markus 8,34ff). Oder an seine Aufforderung, dass wir die Glieder an uns, die uns zur Sünde verführen, radikal abschneiden sollen (Matthäus 18,8ff). Ist hier nicht ein rigoroses Vorgehen gegen alle Gedanken und Motive gefordert, die nicht dem Willen Gottes entsprechen?

Nein, diese Stellen sprechen nicht vom Umgang mit Gedanken und Gefühlen, die ich aufgrund meiner Lebenswunden habe. Bei der Selbstverleugnung geht es primär darum, der Nachfolge von Jesus Christus die Priorität vor eigenen Lebensentwürfen zu geben. Jesus fordert in Markus 8 seine Jünger dazu auf, sich eindeutig auf seine Seite zu stellen. Seinen Leidensweg zu bejahen und ihm nicht ihre eigenen Vorstellungen darüber, wie der Messias sein sollte, überzustülpen. Da war es angebracht, vom Neinsagen zu sich selbst zu sprechen.

In Matthäus 18 haben wir noch einmal eine andere Situation vor uns. Es geht hier um Verhaltensweisen, mit denen die Jünger den Glauben anderer Christen gefährden könnten. In diesem Zusammenhang spricht Jesus davon, dass man streng mit sich selbst sein soll, damit man anderen Menschen durch sein Verhalten nicht schadet. Diese Texte unterstützen also keine grundsätzliche Selbstablehnung oder gar einen Hass gegen sich selbst.

Doch wie segne ich die »Feinde in mir« ganz praktisch? Wie schon bei der ersten Übung, bei der ich meine Wunde zum verwundeten Christus bringe, ist auch diese zweite Übung ein Schritt, bei dem ich in einem stillen Moment vor Gott komme. Es ist ein Gebet, ein Gespräch mit Gott, bei dem ich das Segnen meiner Feinde praktiziere. Nennen Sie Gott Ihre Gefühle oder Verhaltensweisen, die Ihnen das Leben schwer machen. Bringen Sie sie in die Gegenwart Gottes, und bitten Sie ihn, dass er darauf seinen Segen und seinen Einfluss legt. Stellen Sie sich vor, wie Gott seine Hand darüberlegt und wie seine Gnade und seine Kraft diese unguten Gefühle und Gedanken verwandelnd durchströmen. Beten Sie: »Herr, wende du dich dieser unschönen Seite in mir zu. Beeinflusse du sie. Segne dieses Gefühl, unter dem ich leide und gegen das ich erfolglos kämpfe! Verwandle meinen Ärger in Gelassenheit. Mein Konkurrenzdenken in innere Freiheit und in Großzügigkeit. Meine Ehrsucht in Zufriedenheit. Meinen Minderwert in inneren Reichtum und Zuversicht. Meine Angst in Vertrauen.« Bringen Sie jedes Gefühl zu Gott und sagen Sie ihm, was Sie sich stattdessen wünschen. Und dann halten Sie inne und erwarten, dass in diesem Augenblick Gott selber umgestaltend an Ihnen und besonders an diesem inneren Feind handelt.

> Jesus rät uns zu einem anderen Umgang mit Feinden. Wir sollen sie segnen.

Merken Sie den großen Unterschied? Auf diese Weise kämpfen Sie nicht weiter verbissen gegen Ihre Feinde. Sie bitten Gott, mit ihnen fertig zu werden. Sie versuchen nicht länger krampfhaft, sie loszuwerden. Sie hassen sie (und sich selbst) nicht länger. Sie übergeben sie Gott, damit er an Ihnen handelt. Und zwar so, wie er an jedem Menschen handelt, der sich ihm nähert: liebevoll, vergebend, barmherzig, verwandelnd und erneuernd. Sie gönnen Ihren Feinden das, was Sie selber gerne von Gott für sich in Anspruch nehmen: Gottes Barmherzigkeit und seine zum Guten verwandelnde Kraft.

Sie werden staunen, was geschieht, wenn Sie diese Übung in Ihre Zeiten des Gebets integrieren. Sie werden erleben, dass Sie Ihre negativen Gefühle immer weniger als Feinde betrachten, sondern als Empfindungen, die den liebevoll umgestaltenden Einfluss Gottes nötig haben. Sie werden Ihre eigenen unguten Emotionen und Gedanken nicht länger als Regungen betrachten, die man hassen und denen gegenüber man hart vorgehen muss. Was ihnen wirklich hilft, ist, dass Gott sich über sie erbarmt und sie erneuert.

> Den Feind zu segnen heißt: ihn Gott überlassen. Gott zutrauen, dass er mit ihm fertig wird.

Ich will damit nicht sagen, dass wir das Ungute in uns akzeptieren und entschuldigen sollen. Wenn es um Sünde geht, dann ist diese niemals zu rechtfertigen und zu verharmlosen. Wir werden uns nicht herausreden und nun behaupten, unsere Missgunst, unsere Minderwertigkeitsgefühle oder unsere Anerkennungssucht seien etwas Gutes. Das meine ich nicht. Ich meine vielmehr, dass wir dadurch, dass wir die Feinde in uns segnen, nichts anderes tun, als sie Gott zu überlassen. Wir beenden unseren eigenen Kampf gegen sie. Wir legen die Illusion ab, wir seien ihnen gewachsen. Wir legen die Härte gegen uns selbst und die Unbarmherzigkeit gegenüber unseren eigenen Schwächen und unserem Versagen ab. Stattdessen übergeben wir diese Gefühle, Gedanken und verwundeten Emotionen Gott. Nun erwarten wir, dass *er* mit ihnen fertig wird. Den Feind zu segnen heißt: ihn Gott überlassen. Gott zutrauen, dass er mit ihm fertig wird. Vertrauen, dass Gottes Liebe auch die härteste Nuss zu knacken vermag. Auf seine Weise. Mit seinen Möglichkeiten. Zu seiner Zeit. Ich halte mich da raus und mache ihm keine Vorschriften. Ich segne nur und erbitte Gottes Einfluss über diesem Feind. Ich erkläre die Überwindung des Feindes in mir zur Chefsache. Und wende mich wieder dem zu, was meine Aufgabe ist: Gott zu lieben, zu suchen, zu erkennen und ihm weiterhin in Treue nachzufolgen.

Wir haben in diesem Kapitel drei Schritte betrachtet, durch die unsere Wunden entschärft werden können: Wir vertrauen uns mit unseren Wunden Menschen an, die uns beratend begleiten. Wir lernen es, unsere Wunde durch den verwundeten Christus berühren zu lassen. Und wir beginnen, unsere inneren Feinde, die mit unseren Wunden einhergehen, zu segnen und sie von Gott verwandeln zu lassen.

Alle drei Schritte machen deutlich: Wir bleiben mit unserer Wunde nicht allein. Wir versuchen nicht, selbst mit ihr fertig zu werden. Wir lassen auch nicht zu, dass wir zu jener Sorte glaubender Menschen werden, die einerseits Gott anbeten und lieben wollen, während sie sich andererseits aufgrund ihrer Wunden und der damit verbundenen Gefühle hassen. Wer sich selbst hasst, der wird früher oder später Gott hassen, der ja scheinbar nicht fertig wird mit dem, was in mir ist. Weil wir das nicht wollen, vertrauen wir uns durch diese Schritte Gott und seinen Möglichkeiten an. Wir halten daran fest, dass Gott unsere Wunde berührt und segnet, während wir sie ihm anhaltend bringen und ihn an ihr handeln lassen. Auf seine Weise. So werden verwundete Heiler geformt.

Kapitel 4:

Das Kunstwerk

In diesem Kapitel möchte ich die weiteren Stationen beschreiben, durch die Gott verwundete, zerbrochene Menschen führt, die sich von ihm heilend berühren lassen. Er handelt als Vater an uns, sodass wir besonders gesegnete, für Gott brauchbare Menschen werden.

Erlauben Sie mir an dieser Stelle einen kleinen Exkurs über die Bedeutung von Gott als Vater. Die Bibel beschreibt Gott unzählige Male als Vater der Menschen, die zu ihm gehören. Was ist damit gemeint? Wie drückt sich das konkret aus?

Was es bedeutet, dass Gott unser Vater ist

Gott ist der Urtypus eines wirklich guten Vaters. Wenn man das Alte und Neue Testament untersucht und sich fragt, was damit gemeint ist, dann entdeckt man vier Dinge. Lassen Sie uns alle vier Aspekte kurz ansehen. Der letzte von ihnen wird, wie Sie sehen werden, für unser Thema besonders wichtig sein.

Gott ist ein guter Vater, der seine Kinder in Neues, Unbekanntes hineinbegleitet und -führt

Gute Väter bereiten ihre Kinder auf neue Lebensabschnitte vor und begleiten sie in wichtigen Umbruchphasen ihres Lebens. Dies kann man auch »Initiation« nennen.[10] Sie sind auf diese Weise ein Abbild des himmlischen Vaters, der ebenso mit uns Menschen umgeht. Daher imitieren Väter eine wichtige Eigenschaft Gottes, wenn sie ihren Kindern beibringen, sich in unbekannten Situationen zurechtzufin-

10 So etwa John Eldredge in *Der Weg des ungezähmten Mannes: Stationen der männlichen Reise.* Gießen: Brunnen Verlag, 2007. Ebenso Robert Bly: *Eisenhans. Ein Buch über Männer.* Reinbek: Rowohlt Taschenbuch-Verlag, 2005.

den. Wenn sie sich Zeit nehmen, um ihnen Dinge zu erklären, die bisher ein Geheimnis für sie waren. Wenn sie ihnen Fertigkeiten beibringen, von denen sie bis jetzt keine Ahnung hatten. Einen Nagel einschlagen. Einen Fisch fangen. Ein Fahrrad flicken. Initiation findet statt, wenn Väter ihren Söhnen die männliche Sexualität erklären. Wenn sie sie zum Lesen guter Bücher anleiten. Ihnen helfen, wild lebende Tiere zu beobachten.

Ich denke mit Dankbarkeit an meinen eigenen Vater, der mich vor vielen Jahren in die aufregende Welt des Traktorfahrens einführte. Ich war noch keine dreizehn Jahre alt, als ich das erste Mal nach einem anstrengenden Tag bei der Kirschenernte mit dem voll beladenen Wagen vom Feld nach Hause fahren durfte. Neben mir mein Vater, der an diesem Tag den spontanen Entschluss gefasst hatte, mir heute das Traktorfahren beizubringen. In diesem Moment fühlte ich mich das erste Mal als richtiger Mann. Ich durfte in ein mir bis dahin verschlossenes Gebiet vordringen. Ich fühlte mich unglaublich gut und stark. Dieses Hochgefühl endete dann allerdings jäh. Zu Hause bog ich mit viel zu hohem Tempo in die Einfahrt zu unsrem Hof ein. Der Anhänger überschlug sich und mehrere Hundert Kilo Kirschen lagen (samt meiner Mutter, die auf dem Anhänger mitfuhr) auf dem staubigen Kiesweg. Doch das ist eine andere Geschichte ...

Gute Väter bereiten ihre Kinder auf neue Lebensabschnitte vor und begleiten sie in wichtigen Umbruchphasen ihres Lebens.

Gott ist ein Vater, der seinen Kindern großartige neue Entdeckungen ermöglicht. In Jeremia 33,3 sagt Gott zum Propheten: *Rufe zu mir, dann werde ich dir antworten, und ich werde dir Großes und Unfassbares kundtun, wovon du nichts gewusst hast* (ZÜ). Das ist Initiation!

Gott ist ein guter Vater, der seinen Kindern Unterstützung und Rückendeckung gibt und ihnen hilft, Erfolgserlebnisse zu haben

Er ist der Vater, der seinen Kindern den Rücken stärkt und dafür sorgt, dass ihre Vorhaben, die seinem Willen entsprechen, gelingen. In Psalm 20 wird uns Gott als ein solcher Unterstützer beschrieben: *Er sende dir Hilfe vom Heiligtum, und vom Zion her stütze er dich ... Er gebe dir, was dein Herz begehrt, und lasse all deine Pläne gelingen* (Psalm 20,3.5; ZÜ). Hier wird Gott als guter Vater beschrieben, der sich hinter uns stellt, damit Dinge gelingen.

Gott ist ein guter Vater, der uns fördert, indem er uns auf gute Ziele hin ausbildet, erzieht und trainiert

Diesem Aspekt von Gottes Vatersein begegnen wir im Hebräerbrief: *Was ihr erduldet, dient eurer Erziehung; wie mit Söhnen geht Gott mit euch um. Denn wo ist ein Sohn, den sein Vater nicht züchtigt? Wenn ihr aber ohne Erziehung seid – sie ist doch allen zuteilgeworden –, dann seid ihr uneheliche, nicht legitime Söhne und Töchter* (Hebräer 12,7-8; ZÜ).

In seiner Liebe zu uns sorgt Gott dafür, dass wir die bestmögliche Ausbildung für unseren Charakter bekommen. Er selber wird zu unserem Erzieher und Trainer, der sich investiert, damit etwas Gutes aus uns wird.

In seiner Liebe zu uns sorgt Gott dafür, dass wir die bestmögliche Ausbildung für unseren Charakter bekommen. Er selber wird zu unserem Erzieher und Trainer, der sich investiert, damit etwas Gutes aus uns wird. Zu diesem Lernprozess gehört auch, dass wir Korrektur erfahren, damit wir aus Fehlern lernen. Weiter geht es darum, dass wir uns Disziplin aneignen, denn ohne sie würden wir unsere wichtigsten Lebenslektionen ungenutzt lassen.

Ich bin Menschen begegnet, die diesen Abschnitt aus dem Hebräerbrief auf eine höchst fragwürdige Weise interpretiert haben. Sie deuteten ihn als Beleg dafür, dass Gott uns beim kleinsten Fehlverhalten straft und raubeinig wieder in die Schranken weist. Es gibt christliche Väter, die diese Bibelverse als Legitimation verstehen, ihre eigenen Kinder zu schlagen oder in den Keller zu sperren, um damit ihren »sündhaften Eigenwillen zu brechen«, wie sie es nennen.[11] Das ist ein tragischer Missbrauch dieser Bibelworte, die eigentlich eine sehr hoffnungsvolle Aussage beinhalten: Gott investiert durch sein Erziehen, Formen, Trainieren und Korrigieren in unser Werden und unsere Reife. Dabei wird er von seiner tiefen Liebe uns gegenüber bewegt, die uns nicht klein halten will, sondern darauf zielt, dass wir aufblühen und in die einzigartige Bestimmung hineinwachsen, die Gott uns gegeben hat.

Gott ist ein guter Vater, der Dinge, die wir »vermasseln«, wiedergutmacht

Ein guter Vater hilft uns dort, wo etwas schiefgelaufen ist, aus dem Schlamassel heraus. Auch dann, wenn wir uns diesen Schlamassel selbst eingebrockt haben. Er lässt seine Kinder nicht im Stich; auch dann nicht, wenn sie gerade ziemlichen Unfug gebaut haben. Gerade das zeichnet einen guten Vater aus: Er hilft ihnen, eine ungute Geschichte so zu wenden, dass sie am Ende doch noch positiv ausgeht. Damit meine ich nicht, dass er ihnen ihre eigene Verantwortung in dieser peinlichen Sache einfach abnimmt und alleine für allen angerichteten Schaden aufkommt. Das wäre keine Hilfe; das wäre Verwöhnung. Ein echter Vater findet das rechte Maß, seinem Kind die Konsequenzen seines Handelns bewusst zu machen und ihm gleichzeitig so zu helfen, dass aus dieser verfahrenen Situation trotzdem noch etwas Gutes werden kann – für alle Beteiligten. Auch für diese Eigenschaft eines guten Vaters ist Gott das perfekte Urbild.

---

11 Dort, wo der Vers in Hebräer 12 in vielen deutschen Bibelübersetzungen mit »züchtigen« übersetzt wird, steht im griechischen Urtext das Wort »paideuo« – erziehen, unterweisen, unterrichten, bilden, zurechtweisen, aneignen, Zucht ausüben. Das Substantiv »paideia« kann man übersetzen mit: Erziehung, Unterweisung, Ermahnung, Zucht (siehe Walter Bauer: *Wörterbuch zum Neuen Testament.* Berlin: Verlag Walter de Gruyter, 5. Auflage, 1971, 1196-1197). Der Gedanke der pädagogischen Förderung überwiegt also. Ist es nicht seltsam, wenn noch heute Eltern diese Verse als Aufforderung verstehen, ihren Kindern mit »biblischer Begründung« regelmäßig eine gehörige Tracht Prügel zu verabreichen?

Gottes Wille und Bereitschaft, aus dem Schlamassel meines Lebens etwas Gutes werden zu lassen, sind der Schlüssel zum Verständnis dessen, worum es im weiteren Verlauf dieses Kapitels geht.

Der Vater, der Wunden in Stärken verwandelt

Gerade dort, wo wir Wunden haben, wo in uns etwas zerbrochen ist und wir gescheitert sind, ist diese letztgenannte Eigenschaft Gottes unsere größte Hoffnung. Vielleicht ist ein beträchtlicher Teil unseres Scheiterns selbst verschuldet. Das hindert Gott jedoch nicht daran, aus dem, was uns entglitten ist, etwas Neues und etwas Gutes zu machen. Selbst gescheiterte Menschen brauchen nicht mit resigniertem Verliererblick aufzugeben. Wir haben einen Gott, der fähig ist, aus verwundeten Menschen etwas Großartiges zu machen. Als guter Vater ist er ein Spezialist in dieser Kunst!

Wenn wir Menschen mit Wunden und zerbrochenen Lebensgeschichten sind, dann ist das die gute Nachricht, die wir unbedingt hören müssen: Gott kann und will meine Wunden, meine größten Schwachheiten und mein schlimmstes Versagen nehmen und aus ihnen etwas Gutes machen. Etwas Neues, das wertvoll und ermutigend ist. Nicht nur für mich selbst. Was Gott an mir tun wird, wird sogar meinen Mitmenschen zu einem Segen werden. Das ist der Grundgedanke, um den es mir in diesem und auch im nächsten Kapitel geht.

Unser Erneuerungsweg ist also nicht damit abgeschlossen, dass wir unsere Wunden in Jesu Wunde legen und die Feinde in uns segnen, wie ich das im letzten Kapitel beschrieben habe. Gott führt uns noch viel weiter als bis dahin: Er formt unsere Wunde, also unsere schwächste Seite, in eine Stärke um, in eine Kompetenz, die Gott gebrauchen will, um andere Menschen zu segnen.

Das ist einer der Gründe, weshalb ich manchmal ein ungutes Gefühl dabei habe, wenn ich den Eindruck bekomme, dass ein verwundeter Mensch seine Verletzungen so schnell wie möglich loszuwerden versucht. Wer kein anderes Ziel verfolgt, als von seiner Wunde »erlöst« zu werden, verpasst unter Umständen die Gelegenheit, von Gott trotz und gerade durch seine Wunde auf eine besondere Weise gebraucht zu werden.

Meiner Meinung nach ist das der Grund, weshalb Gott einen Teil unserer Wunden und Zerbrochenheiten nicht einfach schmerzlos aus unserem Leben entfernt. Er kann und will sie für ein höheres Ziel gebrauchen. Er lässt sie nicht da, um uns klein, schwach und hilflos zu halten. Vielmehr greift er auf sie zurück, weil er mit ihnen etwas Besonderes vorhat. Er nimmt den Müll unseres Lebens und begutachtet ihn fachmännisch. Er weiß, dass es töricht wäre, dieses auf den ersten Blick wertlose Material einfach wegzuwerfen. Denn für Gott steckt darin Potenzial. Er kann daraus etwas Großartiges machen. In seinem Weitblick sieht Gott es schon vor sich: Es soll ein Kunstwerk werden, das aus scheinbar wertlosem Müll gemacht ist. Mit diesem Ziel vor Augen mutet er uns unsere Zerbrochenheit weiterhin zu und macht sich ans Werk, aus ihr ein Meisterstück, eine besondere Stärke zu machen.

Kunst aus Müll

AP / Michael Sohn

»Trash People« – die etwas anderen Kunstwerke von HA Schult

Das Motto des deutschen Künstlers Schult heißt: »Der Müll des einen ist der Schatz des anderen.« Demgemäß arbeitet Schult und stellt seine aus Abfällen hergestellten Statuen vor prominentem Hintergrund aus: vor dem Kölner Dom (siehe Bild), vor dem Matterhorn, vor den ägyptischen Pyramiden oder auf der Chinesischen Mauer. Seine »Trash People« bestehen aus ausgedienten Dosen, Computern und Plastik.[12]

Der jährliche Müllwettbewerb made in USA

Die Tausende von Tonnen weggeworfenen Mülls in den Parks und an den Flussufern amerikanischer Großstädte sind schon lange ein Problem. Seit einigen Jahren gibt es jedoch kreative Versuche, es zu lösen. Verschiedene Städte führen jedes Jahr ein groß angelegtes Projekt zur Bekämpfung des weggeworfenen Mülls durch. Wochenlang durchstreifen Hunderte von freiwilligen Helfern Parks und Flussufer und tragen allen Müll, den sie dort finden, zusammen. Höhepunkt dieser Sammelaktion ist ein Wettbewerb, bei dem es darum geht, aus diesem Müll Kunst zu machen. Normale Bürger können sich als Künstler betätigen und versuchen, den gesammelten Schrott kreativ zu verwerten. Das verwendete Rohmaterial ist nichts anderes als wertloser, achtlos weggeworfener Müll: Metall, verrostete, kaputte Autos, Fahrräder, Tüten und unzählige andere Varianten von Abfall. Manche dieser originellen Kunstwerke werden nach der Prämierung teuer verkauft und finden irgendwo in einem Park, in einem Privatgarten oder auf einem öffentlichen Platz ihren bleibenden Bestimmungsort, wo sie weiter bewundert werden können.

Sicher ahnen Sie, weshalb ich dieses Kapitel mit »Das Kunstwerk« überschrieben habe. Ich will damit deutlich machen, dass Gott mit unseren Lebenswunden genauso umgeht wie diese Künstler mit weggeworfenem Abfall. Er ist der Vater, der das Zerbrochene, Kaputte und Verletzte in unserer Seele nimmt, um daraus etwas Wert-

12 Mehr über HA Schult und seine Kunstwerke können Sie auf dieser Webseite erfahren: www.haschult.de

volles zu formen. Etwas, das eine neue Schönheit ausstrahlt. Etwas, das gut ist und Gutem dient. Etwas, woran wir uns und andere sich freuen können. Etwas, das unter der Fingerfertigkeit Gottes einen einzigartigen Wert erhält. Unsere Wunde wird in den kundigen, kreativen Händen Gottes zum Rohmaterial für ein einzigartiges Kunstwerk. Aus der Schwäche wird eine Stärke. Eine Kompetenz, durch die Gott andere Menschen segnet.

Können Sie sich das vorstellen, wenn Sie an Ihre Zerbrochenheit denken?

Wie Gott aus Zerbrochenem Neues macht

Ich möchte Ihnen im Folgenden zeigen, wie sehr dieser faszinierende Gedanke in der Bibel verankert ist. Das soll Ihnen helfen, konkret damit zu rechnen und darauf zu vertrauen, dass Gott auch mit Ihren Wunden etwas Großes vorhat. Wenn er schon in der Bibel auf diese Weise gehandelt hat, dann festigt das unser Vertrauen, dass er es heute genauso tun kann und will.

> Er ist der Vater, der das Zerbrochene, Kaputte und Verletzte in unserer Seele nimmt, um daraus etwas Wertvolles zu formen.

Wie Gott aus Zerbrochenem etwas einzigartig Neues hervorbringt, zeigt sich besonders eindrücklich an der Geschichte Israels während der Zeit des Propheten Jesaja.

Ein Volk zerbricht

Wir befinden uns in der Zeit um das Jahr 800 vor Christus. Israel ist ein geteiltes Land, bestehend aus dem Nordreich Israel und dem Südreich Juda. Die Menschen sind hin- und hergeworfen zwischen einem Leben der Hingabe und der Abhängigkeit von Gott und dem puren Gegenteil davon. Während die Jahre und Jahrzehnte vergehen, versagt das Volk Gottes zunehmend gegenüber seinem Herrn. Besonders die Könige und Führer des Nordreichs scheinen immer weniger verstehen zu wollen, was Gott von ihnen möchte. Propheten wie Amos und Hosea warnen das Volk und rufen es zur Umkehr. Drohen mit Gericht, falls alles beim Alten bleibt. Vergeblich. Schließlich brechen die Assyrer in das Nordreich ein und verschleppen seine Bewohner.

Das Südreich Juda hat noch einmal Glück gehabt. Es hatte immer wieder Könige, die sich an Gottes Richtlinien, dem Gesetz, orientierten und das Volk entsprechend prägten. Doch nach und nach wird auch hier Gott zur Seite gedrängt. Um 740 vor Christus kommt ein neuer Prophet: Jesaja. Was er zu sagen hat, erschreckt die Menschen: »Ihr seid ein Volk geworden, das nicht mehr auf Gott hört. Ihr erkennt in ihm nicht mehr den guten Vater, der euch segnen und führen möchte, unter dessen Herrschaft ihr aufblüht und geborgen seid. Nein, ihr entzieht euch Gott. Ihr verweigert ihm euer Vertrauen und eure Hingabe. Wenn ihr so weitermacht, werdet auch ihr auf dem Schachbrett der Weltpolitik verschwinden. Dann werden die Babylonier kommen, euch wegführen und euer Land samt Jerusalem und dem Tempel zerstören« (vgl. Jesaja 1,3-4; 5,13; 39,6).

Jesaja nimmt kein Blatt vor den Mund. Er legt die Dinge unerschrocken und klar dar. Und es wird immer deutlicher, dass seine Worte nicht bloße Rhetorik sind. Gott meint es ernst: Wenn die Menschen nicht umkehren, wird dieses Land und seine blühende Hauptstadt zerstört werden.

Als Jesaja diese Worte von Gott hört, reagiert er selber irritiert und fragt ihn: »Herr, wie muss ich mir dein Gericht vorstellen? Wie lange wird es dauern?« (siehe Jesaja 6,11). Das meint wohl auch: »Wird es diesmal wirklich mehr sein als eine kleine Zurechtweisung, damit das Volk wieder zur Besinnung kommt?« Gott antwortet ihm unmissverständlich:

Ich tue es, bis die Städte zerstört sind, bis die Häuser leer stehen und das ganze Land zur Wüste geworden ist. Ich werde die Menschen fortschaffen und das Land wird leer und verlassen sein. Und ist noch ein Zehntel übrig, so wird es ihnen gehen wie den Trieben, die aus dem Stumpf einer gefällten Eiche oder Linde wachsen. Sie werden abgefressen (Jesaja 6,11-13a, GNB).

So stolpert dieses Volk in seinen eigenen Untergang hinein. Es zerbricht an seiner eigenen Schuld. Ein Weg des Scheiterns. Im Jahr 586 vor Christus ist es so weit: Nach einer längeren Belagerungszeit nehmen die Babylonier Jerusalem endgültig ein. Die Menschen werden nach Babylon verschleppt, die Stadt und der Tempel dem Erdboden gleichgemacht. An diesem schwarzen Tag in der Geschichte Judas wird dieses Volk um ein Haar vollständig zerstört. Eine ganze Nation, ein einst herausragendes Volk mit einer über tausend Jahre alten Gottesgeschichte, zerbricht!

Es gibt Menschen, die einen ähnlichen Totalzerbruch erfahren. Es gibt Menschen, denen wie diesem Volk innerhalb von Monaten alles weggenommen wurde, was ihnen lieb und teuer war. Einige von ihnen sind wie Israel mitverantwortlich für ihr Schicksal. Andere weniger oder gar nicht. Dennoch: Sie sind gescheitert in ihrer Ehe, ihrem Beruf, in der Erziehung ihrer Kinder. Ein Todesfall, eine Naturkatastrophe, eine Depression lässt den Boden, der so viele Jahre standhielt, unter ihnen wegbrechen.

Zerbruch und Scheitern haben an allen Orten und zu allen Zeiten ein ähnliches Gesicht. Sie markieren den abrupten Stillstand eines bis dahin hoffnungsvollen Wegs.

Nicht bei allen zerbricht alles. Vielleicht ist es »nur« ein Teil unseres Lebens, der wegbricht. Schmerzhaft genug. Wunden sind immer einschneidend. Manche von ihnen können ganze Bereiche unseres Lebens lahmlegen. Da wird uns Entscheidendes genommen. Stabilität, Zuversicht, Perspektive. Vielleicht aus ganz anderen Gründen als beim Volk Israel. Vielleicht, ohne dass wir viel dazu beigetragen haben. Die Schuldfrage ist hier zunächst einmal sekundär. Wichtig ist zunächst dies: Zerbruch und Scheitern haben an allen Orten und zu allen Zeiten ein ähnliches Gesicht. Sie markieren den abrupten Stillstand eines bis dahin hoffnungsvollen Wegs.

Gott verheißt Gescheiterten etwas Neues

Bleiben wir einen Moment beim Volk Israel. Denn dort geschieht nun etwas Unglaubliches. Inmitten von Zerstörung und Scheitern beginnt Gott, diesem Volk eine neue Perspektive zu vermitteln. Er tritt als der liebevolle Vater auf, der die Dinge, die uns Menschen misslungen sind, wieder ins Lot bringt. Das Scheitern dieses Volkes soll nicht das Ende sein, sondern der Ausgangspunkt für etwas Neues, das Gott mit ihm vorhat. Noch bevor Juda an seinem Nullpunkt ankommt, lässt Gott ihm durch Jesaja ausrichten: *Ein Spross wächst aus dem Baumstumpf Isai, ein neuer Trieb schießt hervor aus seinen Wurzeln* (Jesaja 11,1; GNB).

Der hier erwähnte Baumstumpf ist ein Sinnbild für das Zerbrochene. Für das Versagen, das zur Zerstörung führte. Für das Verlorengegangene. Für die Erschütterung, die Wunde, das Scheitern. Mitten in diese Katastrophe hinein »pflanzt« Gott nun diese vorerst noch ganz leise, fast unhörbare Andeutung: »Ein Spross wächst aus dem Baumstumpf.« Inmitten des Zerbrochenen lässt Gott leise und beinahe unbemerkt etwas Neues entstehen.

Wir Christen beziehen diesen »Spross« auf das Kommen von Jesus als Messias seines Volkes. Das Neue, das Gott ankündigt, hat mit ihm zu tun. Durch ihn wird Gott Israel wieder sammeln und wieder aufrichten (siehe Jesaja 11,2ff). Er wird sein gescheitertes Volk mit Jesus, seinem einzigen Sohn, beschenken und ihm durch ihn neu zeigen, wie es in das freundschaftliche Bundesverhältnis mit Gott zurückfinden kann.

Was hier geschieht, ist wichtig – nicht nur für das damalige Volk Gottes, sondern auch für uns. Wir dürfen dieses Geschehen im Zusammenhang mit eigenen Erfahrungen betrachten, in denen uns etwas genommen wurde. In denen wir Zerbruch erlebt haben und verwundet wurden, sodass auch in unserem Leben nicht viel mehr als ein nackter Baumstumpf zurückblieb.

Eine erste wichtige Beobachtung: Auch wenn hier etwas Neues, etwas Großes verheißen wird – es besteht nicht darin, dass dadurch der alte Zustand, also die Zeit vor der Wegführung, wiederhergestellt wird. Es ist nicht so, dass Gott auf dem halben Weg ins Exil das Volk zurückruft: »Meine Lieben, ihr könnt umkehren. Es war nicht ganz so ernst gemeint, und ich glaube, das reicht nun. Kehrt zurück in eure Häuser und Paläste, auf eure Felder und in eure Weinberge!« Nein, das Scheitern vollzieht sich weiter. Sie werden nach Babylon gebracht und müssen dort eine lange Zeit bleiben. Selbst dann, als das Volk einige Generationen später in sein Land zurückgehen darf (siehe 2. Chronik 36,22-23 sowie die Bücher Esra und Nehemia), ist es nicht wie vorher. Gott stellt den alten Glanz des mächtigen Israels als eigenständiger Staat mit einem eigenen König nicht wieder her. Die Blütezeit dieser Nation unter den erfolgreichen Königen David und Salomo ist endgültig vorbei.

Gottes Verheißung vom Spross bedeutet also nicht, dass er die »gute alte Zeit« oder eine »aktualisierte Updateversion« wieder aufleben lässt. Er schafft in den Trümmern des Zerbrochenen etwas Neues. Etwas, was vorher nicht da gewesen ist.

> Gott schafft in den Trümmern des Zerbrochenen etwas Neues. Etwas, das vorher nicht da gewesen ist.

Das zu verstehen, war nicht nur für das Volk Gottes wichtig. Es ist auch für uns von Bedeutung, die wir darauf hoffen, dass Gott aus unseren schwierigen Erfahrungen und unseren Wunden etwas Gutes werden lässt.

Unsere falschen Erwartungen im Blick auf das Neue, das Gott mit uns vorhat

Viele Menschen, die Zerbrochenheit erlebt haben und verwundet worden sind, erwarten von Gott eine Wiederherstellung des alten Zustands. Sie gehen davon aus, dass er ihr Leben wieder auf den Stand der Zeit vor ihrer Verwundung bringt. Dass er ihnen die Beziehungen, das Glück und die Stabilität zurückgibt, die ihnen genommen worden sind. Sie erwarten, dass alles so sein wird wie früher. Sie fixieren sich auf diese Vorstellung und bitten Gott darum, ihre Ehe, den Erfolg im Beruf, ihre Vitalität usw. wieder vollständig ins Lot zu bringen. Kurz: ihnen die ganze Unbeschwertheit und innere Ausgeglichenheit wiederzugeben, die vor ihrer Zerbruchserfahrung selbstverständlich für sie waren.

Natürlich ist es nicht falsch, Gott darum zu bitten, dass er eine Ehekrise überwinden hilft. Gott will nicht, dass Ihre Familie auseinanderbricht. Es ist richtig, Gott um neue Kraft und Gelingen im Beruf, in der Gemeinde oder für die eigene Gesundheit zu bitten. Ich ermutige jeden, das unbedingt zu tun. Ich rede hier nicht von den berechtigten Erwartungen, die wir in einer Krisenzeit an Gott richten sollen. An dieser Stelle geht es mir um Situationen, in denen etwas tatsächlich zerbrochen ist und uns genommen wurde. Von Erfahrungen des Scheiterns und des Verlustes, wie sie manchmal vor unserem Leben nicht haltmachen. In solchen Situationen kann es vorkommen, dass mir wider Erwarten und trotz eindringlicher Gebete der alte Zustand nicht zurückgegeben wird. Wir müssen mit dem schmerzhaften Verlust leben lernen. Wenn ich mich in einer solchen Situation zu sehr darauf fixiere, Gott *müsse* den alten Zustand unbedingt wiederherstellen, dann kann das zu einer tiefen Enttäuschung führen, wenn dies trotz aller Gebete nicht eintrifft. Es ist die Enttäuschung darüber, dass Gott meine verzweifelte Bitte nicht zu erhören scheint.

Die Juden erwarteten, dass Gott ihrem Staat den alten Glanz aus der Königszeit Davids wiedergeben würde. Ein Großreich, in dem der Messias sie führen und vor allen politischen Gegnern schützen würde.

Diese Enttäuschung wird nun zu einem lähmenden Hindernis, denn sie führt oft dazu, dass man sich für das Neue verschließt, das Gott bereithält. Auch Israel war auf die Erwartung fixiert, dass alles wieder wie früher würde, was ihm zu einem Stolperstein werden sollte. Nach der demütigenden Erfahrung des Scheiterns und des

Exils baute sich im Denken der Juden die Erwartung auf, Gott werde sein Volk in die alte Blütezeit zurückführen. So deuteten sie die Verheißung vom Spross, der aus dem abgehauenen Baumstamm hervorbricht (siehe Jesaja 11,1). Aus diesem Spross würde ein genauso prächtiger Baum wie vorher. Die Juden erwarteten, dass Gott ihrem Staat den alten Glanz aus der Königszeit Davids wiedergeben würde. Ein Großreich, in dem der Messias sie führen und vor allen politischen Gegnern schützen würde. Sie wollten die alten Zeiten zurück und der Messias würde ihnen dazu verhelfen.[13]

Wir wissen, dass es nicht dazu kam. Der Messias Jesus kam, wie Gott es verheißen hatte. Aber er kam mit ganz anderen Absichten, als sein eigenes Volk in ihn hineinprojiziert hatte. Sein Ziel war es nicht, das alte Reich wiederherzustellen und die römische Besatzungsmacht zu vertreiben. Er kam, um sein Volk von innen her zu verändern und ihre Herzen wieder Gott zuzuwenden (vgl. Jeremia 31,31-34 und Markus 7,14-23). Viele Juden waren durch ihre eingeschränkten und einseitigen Erwartungen so irritiert und geblendet, dass sie dieses Neue, das Gott mit ihnen vorhatte, nicht sahen und deshalb Jesus radikal ablehnten. Sie hingen so sehr am Alten, dass ihnen das großartige Neue, das Gott für sie bereithielt, verschlossen blieb.

Dabei hatte Gott sein Volk dazu aufgefordert, seinen Blick nicht weiter auf das Vergangene zu richten, sondern sich auf das Neue einzustellen, das Gott für sie bereit hatte: *Denkt nicht an das, was früher war, und was vormals war – kümmert euch nicht darum. Seht, ich schaffe Neues, schon sprießt es* (Jesaja 43,18-19a; ZÜ).

Hier begegnen wir einem Grundmuster des Handelns Gottes, wenn er inmitten unserer Zerbrochenheit und unseres Versagens handelt: »Ich schaffe etwas Neues.« Darin erkennen wir ihn als Va-

13 Mehr über die mehrheitlich einseitigen Messiaserwartungen im späten Judentum findet sich bei Adolf Pohl: *Das Evangelium des Markus*. Wuppertal: Brockhaus Verlag, 1986, 318f. Und: L.W. Hurtado: »Christ«, in: Joel B. Green, Scot McKnight, J. Howard Marshall (Hrsg.): *Dictionary of Jesus and the Gospels*. Illinois/Leicester: InterVarsity Press, 1992, 107.

ter, der uns Menschen aus der Patsche hilft. Als Künstler, der es versteht, aus dem Schrott unseres Lebens ein Kunstwerk zu machen.

Dieses Muster wiederholt sich in der Bibel immer wieder. Ein eindrückliches Beispiel dafür gibt uns auch das Leben von Paulus. Aus tiefster religiöser Überzeugung verfolgt er die Jesusanhänger. Auf dem Weg zu weiteren Verhaftungsversuchen in Damaskus aber zerbricht mit einem Schlag sein ganzes Gottes- und Selbstbild. Völlig unerwartet hat er eine überwältigende Begegnung mit Jesus Christus (siehe Apostelgeschichte 9). Dabei wird ihm seine ganze Überzeugung, die bis dato bestimmend und Sinn gebend für ihn war, auf einen Schlag genommen. Von einem Tag auf den anderen verliert er seine Stellung innerhalb des Judentums, seine Karriere, seine Leidenschaft, für die er lebte, und seine von Kindheit an geformte Theologie (siehe Philipper 3,7-8). Außer dem Leben an sich verliert er alles. Dieser Zerbruch ist für Paulus so schmerzhaft und irritierend, dass er sich nach seiner Begegnung mit Jesus drei Jahre lang nach Arabien in die Einsamkeit zurückzieht, um diesen radikalen Einschnitt in sein Leben irgendwie zu verarbeiten (Galater 1,17).

Doch im selben Moment, in dem ihm das Bisherige genommen wird, klingt der hoffnungsvolle Refrain auf. Dieser Refrain, durch den Gott selbst ihm das Neue ankündigt, das er mit ihm vorhat: *Geh, ich will dich weit hinaus zu den fremden Völkern senden!* (Apostelgeschichte 22,21; GNB; vgl. Apostelgeschichte 9,19).

Hier wiederholt sich das Muster: Inmitten von Verlust, Schmerz, und einem zerbrochenen Leben sagt Gott: »Ich habe etwas Neues mit dir vor!«

Gott – der Müllkünstler

Manchmal stelle ich mir vor, wie Gott die Müllteile unseres Versagens und unserer Lebenswunden einsammelt; wie er sie bedächtig in seinen Händen hin und her bewegt und eingehend begutachtet. Ich stelle mir vor, dass immer dann, wenn er ein besonders verbogenes und rostiges Stück unseres Lebensschrotts in seinen Händen hält, ein wissendes Lächeln über sein Gesicht huscht. Es ist der vielsagende Kennerblick eines Künstlers, der gerade eine Idee hatte, wie er dieses besondere Teil in sein Kunstwerk einbauen könnte. Ein solches Stück hat ihm gerade noch gefehlt! In stiller Freude und vorausahnender Kenntnis betrachtet Gott unsere Wunden und unseren Lebensschrott. Nicht weil ihn unser Scheitern und unser Schmerz freuen – das Gegenteil ist der Fall. Sondern weil er schon jetzt sieht, was man daraus Neues machen kann. Weil er die Chance hinter der Katastrophe sieht. Weil er das Gute im Blick hat, was daraus trotz aller pessimistischen Gegenprognosen werden kann.

Wie ein Müllkünstler streift Gott durch unsere zerbrochenen, verwundeten Lebensbereiche. Immer wieder bückt er sich, hebt etwas auf, betrachtet es von allen Seiten: »Was haben wir denn da? Ah, eine rostige Autotüre! Hmm – das könnte etwas werden. Das muss ich unbedingt mitnehmen. Das kann ich gut gebrauchen ...« So sammelt Gott die scheinbar wertlosen Müllteile unseres Lebens zusammen. Denn im Blick auf unsere Zerbruchserfahrungen gilt dasselbe wie für das Volk Israel oder den Apostel Paulus: »Siehe, ich schaffe etwas Neues!«

> Inmitten von Verlust, Schmerz und einem zerbrochenen Leben sagt Gott: »Ich habe etwas Neues mit dir vor!«

Es ist wichtig, dass wir beginnen, Gottes Umgang mit unseren Wunden, Grenzen und unserem Scheitern auf diese Weise zu verstehen. Und dass wir uns im Blick auf sie diese Erwartungshaltung aneignen: Gott kann und will daraus etwas Neues machen. Etwas Gutes, etwas Wertvolles. Etwas Brauchbares.

Hören Sie auf, den Schrott Ihres Lebens möglichst schnell loswerden zu wollen. Es gibt einen, der diesen Schrott sammelt! Weil er ihn liebt, weil er *Sie* liebt. Und weil er geniale Ideen hat, was man damit noch anfangen kann. Gott kümmert sich um Ihre Wunden und sorgt dafür, dass sie zum Rohmaterial einer großartigen Absicht für Ihr Leben werden. Zu einer besonderen Stärke. Zu einer einzigartigen Kompetenz.

In 2. Korinther 12 spricht Paulus von einer seiner Wunden, die er jahrelang loszuwerden versuchte. Er empfindet sie immer wieder als schmerzhaften, störenden Stachel. Bibelforscher rätseln bis heute, um was genau es sich handelt. Eine Krankheit? Depressionen? Die vielen Angriffe und Verleumdungskampagnen durch Mitjuden, die ihm innerlich stark zusetzen? Es gibt keine gesicherte Antwort darauf. Was klar ist: Es ist eine Sache, die er bisher nicht als gut bezeichnen konnte. Sie war in seinen Augen überflüssiger, lästiger Müll und deshalb bittet er Gott immer wieder: »Herr, nimm es von mir weg!« Doch Gott antwortet ihm: »Diese Schwachheit kann ich gebrauchen. Darin begegne ich dir. Dahinein lege ich meine Kraft. Ich habe etwas vor damit!« (siehe 2. Korinther 12,7-9). Die englische Message-Bibel verwendet an dieser Stelle eine interessante Wendung. Sie umschreibt diese unbekannte Schwachheit des Paulus mit der Wendung »the gift of a handicap«[14] – die Gabe einer Einschränkung. Damit kommt zum Ausdruck, dass in dieser Schwäche ein Geschenk liegt. Sie ist für Paulus kein Minuspunkt, sondern ein Pluspunkt.

Hören Sie auf, den Schrott Ihres Lebens möglichst schnell loswerden zu wollen. Es gibt einen, der diesen Schrott sammelt!

Der Kontext von 2. Korinther 12 lässt ahnen, dass Paulus einige Zeit braucht, um das zu verstehen. Ich stelle mir vor, wie er sich in der Auseinandersetzung mit Gott mühsam an diesen neuen Gedanken herantastet (vgl. 12,8): »Kann das wirklich so sein, dass das, was ich so gerne loswerden möchte, in Wahrheit eine Chance für mich ist? Eine besondere Stärke, die sich aus meinem Handicap ergibt? Eine Sache also, die mir letztlich etwas Gutes beschert und bei der ich nicht länger zu beten brauche, dass Gott sie mir wegnimmt?«

Paulus ist also ein weiteres biblisches Beispiel dafür, dass Gott manchmal einen vermeintlichen Idealzustand nicht (wieder)her-

14 Eugene H. Peterson: *The Message Remix: The Bible in Contemporary Language.* Colorado Springs: NavPress Publishing Group, 2003.

stellt. Es gibt Menschen, bei denen er ein scheinbares Handicap zulässt, weil er damit etwas Gutes vorhat.

Weshalb Wunden und Scheitern ein guter Nährboden für besondere Stärken sind

Warum ist es wohl so, dass Gott gerade unsere Wunden als hervorragendes Rohmaterial betrachtet, um daraus etwas Neues in unserem Leben hervorzubringen? Wie können Zerbrochenes und schmerzhafter Verlust der Nährboden für eine gute Sache werden?

Zum einen verfügen wir dort, wo wir eine Wunde haben, über eine besondere Sensibilität. Das klingt zunächst nicht positiv und ist es oft auch nicht. Wir befinden uns in diesem Bereich auf dünnem Eis. Sind empfindlich, angreifbar, verletzbar. Wenn sich etwas ereignet, was diese Wunde wieder aufreißt, reagieren wir stark darauf. Es braucht dann nicht viel. Schon eine kurze Bemerkung oder eine an sich harmlose Begebenheit löst in uns einen Strudel schmerzhafter Gefühle aus.

Gerade diese Sensibilität führt nun aber bei Menschen, die sich nach der Realität Gottes in ihrem Leben sehnen, zu einem Zweiten. Nämlich zu einer tiefen Sehnsucht, dass sich gerade in diesem Schmerz Gott zeigt und endlich handelt. Verwundete Menschen tragen eine tiefe Sehnsucht in sich. Schmerz und Sehnsucht haben viel miteinander zu tun. In gewisser Weise bedingen sie einander, da der Schmerz zu unserer Sehnsucht führt und die Sehnsucht wiederum dazu, dass wir den Schmerz stärker spüren.

Die naheliegende Sehnsucht verwundeter Menschen ist, dass Gott eingreift. Dass er sie wiederherstellt und sie von ihrem Schmerz befreit. Gott möge den gefällten Baum wieder aufrichten, das Zerbrochene wiederherstellen, die Gefühle neu machen. Die Gebete zerbrochener Menschen bewegen sich oft in diese Richtung. Ich habe oben beschrieben, dass Gott in vielen Fällen jedoch etwas anderes mit uns vorhat. Er plant etwas Neues, das viel wertvoller ist, als wenn alles wieder wäre wie früher und wir unseren Schmerz für immer los wären: *Denkt nicht an das, was früher war, und was vormals war – kümmert euch nicht darum. Seht, ich schaffe Neues* (Jesaja 43,18-19a; ZÜ).

Gott lädt uns darum ein, unsere Sehnsucht, die durch unsere Wunde erwacht, in eine andere Richtung zu lenken. Hin zur Erwartung, dass Gott auf dem Schrotthaufen unserer Lebenswunden als der Künstler in Erscheinung tritt, der aus dem Müll unseres Lebens ein Kunstwerk schafft.

In meinem ersten Buch *Echt und stark* habe ich von einer meiner großen Lebenswunden geschrieben: Jahrelang habe ich über die Grenzen meiner Kraft hinaus gearbeitet, was mich in einen Strudel von Erschöpfung und Verzweiflung hineinmanövriert hat. Damals, als ich nicht mehr weiterwusste und mir überlegte, meinen Beruf als Pastor für immer an den Nagel zu hängen, erwachte in mir diese Sehnsucht nach vollständiger Wiederherstellung. Ich betete darum, dass ich körperlich wieder genauso stabil und leistungsfähig würde, wie ich es vorher gewesen war. Gott hat dieses Gebet nur teilweise erhört. Ich habe zwar so viel Energie und Stabilität zurückbekommen, dass ich meine Arbeit weiterhin tun kann. Aber so leistungsfähig wie früher bin ich nicht mehr. Bis heute nicht. Ich sehe aber, dass Gott in dem, was in mir zerbrochen ist, etwas Neues geschenkt hat, was noch wertvoller ist als meine alte Leistungsfähigkeit. Inmitten meines Versagens, das auf falschen Lebensüberzeugungen, Anerkennungsstreben und der Angst zu versagen basierte, hat Gott etwas ganz Neues entstehen lassen. Ich begann mich mit dem, was in meiner eigenen Seele vorgeht, auseinanderzusetzen. Ich begann auch zu studieren, was die Bibel über unsere Seele, unsere Emotionen, unsere Schwachheiten, Ängste, Versagen und Grenzen sagt. Hier taten sich mir Welten auf. Ich begann zu verstehen, wie viele meiner bisherigen Ansichten über das Leben, über mich selbst, über Gott und das Leben als Christ verkehrt oder einseitig gewesen waren. Ich begann, darüber zu schreiben, zu predigen und zu lehren. Ich begann, mich mit Freunden darüber auszutauschen. Ich begann, die Dinge, die ich neu erkannte, mit Menschen zu teilen. Was dann geschah, ist etwas, worüber ich bis heute etwas ratlos, aber erfreut staune: Gott scheint das, was mir selber wichtig geworden ist, zu gebrauchen, um damit andere Menschen zu segnen. Auf dem Boden meiner eigenen Wunde lässt er eine Kompetenz entstehen, die nicht nur mir selbst, sondern im Besonderen auch anderen Menschen zugutekommt. Gott hat das Alte nicht einfach ersetzt beziehungsweise vollständig zurückgegeben. Er hat mir etwas Neues geschenkt.

In diese Richtung will uns also unsere Sehnsucht leiten: Sie möchte uns offen machen für das Neue, das Gott an uns und durch uns tun will. Vielleicht sehen Sie das Neue noch überhaupt nicht, das Gott mit Ihnen vorhat. Vielleicht haben Sie eine Ahnung, eine leise Hoffnung, eine erste Idee. Der Prozess, sich auf das Neue auszurichten, braucht Zeit. Vielleicht erkennen Sie das Neue erst in ein paar Monaten oder in einem Jahr oder noch später.

Im nächsten Kapitel werde ich Ihnen ein paar Anhaltspunkte mitgeben, wie Sie nach dem Neuen, das für Sie bereitliegt, Ausschau halten können. Vorher möchte ich Ihnen jedoch einen Einblick in die faszinierende Lebensgeschichte zweier Männer geben, die diesen Prozess von der Zerbrochenheit zu einer besonderen Stärke durchlaufen haben. Sie sind zwei eindrückliche Beispiele dafür, wie auf dem Boden von Lebenswunden eine besondere Kompetenz erwachsen kann, die anderen Menschen zum Segen wird.

Wie aus Wunden Stärken werden können – zwei Beispiele

Henri Nouwen – Aufruf zu einem authentischen geistlichen Leben

Henri Nouwen ist durch mehrere Bücher zu verschiedenen Themen über persönliche Spiritualität weit über seinen eigenen katholischen Hintergrund hinaus bekannt geworden. Nouwens Lebensgeschichte ist in mancher Hinsicht ungewöhnlich. Mit 54 Jahren gab er seine Professur für Pastoraltheologie und Spiritualität in Yale und Harvard auf und schloss sich der Arche-Bewegung von Jean Vanier an – einer Lebensgemeinschaft mit behinderten Menschen. Während dieser Zeit entstanden die wertvollsten und einflussreichsten seiner Bücher.

Nouwen verstand es, auf ermutigende Art und Weise zu einer Herzensbeziehung mit Gott einzuladen. Er zeigte vielen Menschen, dass sie gerade in ihrer Schwachheit und Begrenztheit bei Gott angenommen und geliebt sind. Er machte seinen Lesern Mut, vor Gott ungeschützt ehrlich und wahrhaftig zu werden und ihre Schattenseiten nicht aus falscher Scham vor Gott zu verbergen. Nouwen schrieb wie wenige christliche Autoren vor ihm über fehlgeleitetes Leistungsdenken im Glauben. Über den krank machenden Zwang, anderen und Gott aus falschen Motiven gefallen zu wollen. Oder über den destruktiven Krampf, sich selbst über seine Leistungen, auch seine religiösen, zu definieren. Er beschrieb, welche fehlgeleiteten Motive Christen prägen können und wie sich dennoch inmitten unserer verkrümmten Vorstellungen Gottes Gnade in unserem Leben zeigt. Unzählige haben seine Bücher gelesen und dadurch hilfreiche Leitlinien und heilsame Impulse für ihren Weg mit Gott bekommen.

> Nouwen zeigte vielen Menschen, dass sie gerade in ihrer Schwachheit und Begrenztheit bei Gott angenommen und geliebt sind.

Was wenige wissen: Ausgerechnet diese Jahre, in denen seine besten Bücher erschienen, gehörten zu den turbulentesten und schmerzhaftesten seines Lebens. Bis zu seinem unerwarteten Tod 1996 war Nouwen nicht nur ein brillanter geistlicher Schriftsteller, er blieb auch bis ans Ende seines Lebens ein tief verwundeter, zerbrochener Mensch. Schließlich starb Henri Nouwen an purer Erschöpfung. Er hatte sich jahrelang völlig überarbeitet. Er hatte die Balance, von der er selber so oft geschrieben hatte, für sich selbst verloren oder vielleicht auch gar nie wirklich gefunden. Ich möchte Ihnen im Folgenden einen kurzen Einblick geben in diese »dunkle« Seite von Henri Nouwens Leben, die vielen seiner Leser unbekannt ist.[15]

Henri Nouwen litt seit seiner Kindheit an einer distanzierten Beziehung zu seinem Vater. In seiner Seele verbarg sich eine tiefe Vaterwunde. Nouwen war sich dessen bewusst und hat als Erwachsener gegenüber Freunden offen darüber gesprochen. Sein Biograf Michael Ford schreibt ebenfalls über diese Wunde, die er seit seinen ersten Lebensjahren mit sich trug. Als Junge hatte Henri daher eine tiefe emotionale Bindung an seine Mutter. Den Vater hingegen erlebte er als sehr distanziert. Er war ein außerordentlich leistungsorientierter Mann. Es lag ihm viel daran, dass aus seinem Sohn einmal etwas Besonderes würde. Schon als kleiner Junge spürte Henri diesen Anspruch und war damit überfordert. Die einzige Person, bei der er sich wirklich verstanden fühlte, war seine Mutter. Bei ihr wusste er sich bedingungslos geliebt.

Später, als Erwachsener, neigte Henri dazu, seine Mutter geradezu zu idealisieren und sie als die vollkommene Frau schlechthin zu beschreiben. Diese tiefe Bindung an seine Mutter und die gleichzeitige Unsicherheit im Blick auf seinen Vater hinterließen Spuren bei Henri. Nouwen sprach mehrmals darüber, dass er selbst als Erwachsener immer noch vom Drang geprägt war, durch seine Arbeit und seine Leistung den Erwartungen seines Vaters zu entsprechen – nämlich etwas Besonderes zu erreichen. Es ist erstaunlich, wie gut Nouwen sich selbst durchschaute und die Kräfte benennen konnte, die ihn auch als fünfzigjährigen Mann noch antrieben. Viele Menschen in einer vergleichbaren Situation sind sich nicht bewusst, was sie zu unermüdlichem Einsatz treibt und sie ruhelos werden lässt. Henri war sich seiner Wunde bewusst.

Es war nicht seine einzige. Eine zweite Wunde betraf seine Sexualität. Henri Nouwen war katholischer Priester. Trotz tiefer, vom

---

15 Meine Hauptquelle für dieses Porträt ist: Michael Ford: *Wounded Prophet: A Portrait of Henri J.M. Nouwen.* New York: Doubleday, 1999.

Glauben an Jesus Christus geprägter Überzeugungen und Wertvorstellungen kam er mit seiner Sexualität nicht zurecht. Schon als Junge stellte er bei sich selbst eine homosexuelle Neigung fest. Das löste eine unglaubliche Spannung in ihm aus. Zum einen verpflichtete ihn seine Berufung als Priester zu einem zölibatären Lebensstil. Hinzu kam nun, dass seine Sexualität sich auf Menschen des gleichen Geschlechts richtete. Im Kontext, in dem Nouwen sich bewegte, bedeutete das eine ungeheure Herausforderung. Aus Angst, seine berufliche Anerkennung und Stellung zu verlieren, vertraute er sich lange Zeit niemandem an. Er versuchte, irgendwie selber mit dieser Situation klarzukommen, und legte sich die Verpflichtung auf, seine sexuelle Neigung nicht auszuleben. Damit war ein innerer Kampf verbunden, der für Henri Nouwen zeitweise sehr schwer gewesen sein muss. Er hat in manchen seiner Schriften und auch in persönlichen Gesprächen mit Freunden erzählt, dass ihn manchmal ein Gefühl von tiefer Dunkelheit erfasste. Die innere Spannung zwischen schwer kontrollierbaren Gefühlen, persönlichen Wünschen und seinem Entschluss, ihnen nicht einfach nachzugeben, drohte ihn zu zerreißen. In manchen zwischenmenschlichen Beziehungen schaffte er es einfach nicht, eine gesunde emotionale Distanz aufrechtzuerhalten. Er geriet gegenüber manchen seiner Freunde in eine Form emotionaler Abhängigkeit, von der er wusste, dass sie nicht gut für ihn war.

> Es ist erstaunlich, wie gut Nouwen sich selbst durchschauen und die Kräfte benennen konnte, die ihn auch als fünfzigjährigen Mann noch antrieben. Viele Menschen in einer vergleichbaren Situation sind sich nicht bewusst, was sie zu unermüdlichem Einsatz treibt und sie ruhelos werden lässt.

Einer dieser Freunde war Nathan Ball, ein Mitbewohner der Arche-Lebensgemeinschaft. Er und Nouwen verstanden sich sehr gut. Ihre Beziehung blieb zwar platonisch, war aber auf emotionaler Ebene außerordentlich tief und intensiv. Er schaffte es schließlich nicht mehr, ein gesundes Maß an Distanz zu wahren, wie sie auch in tiefen Freundschaftsbeziehungen zwischen zwei erwachsenen

Menschen nötig ist. Er neigte dazu, seinen Freund zu vereinnahmen und auf ungesunde Weise auf ihn fixiert zu sein. Unter dieser Unfähigkeit zu einer normalen, guten Freundschaft hat Nouwen stark gelitten. Zeitweise verzweifelte er an sich selbst und an seinem Unvermögen, mit seinen eigenen Emotionen besser umzugehen. Einige Male erlebte er so etwas wie einen emotionalen Zusammenbruch. Dann geschah es, dass er stundenlang unkontrolliert weinte und sich kaum mehr beruhigen konnte. Er konnte nicht mehr schlafen und schloss sich in seinem Zimmer ein. Freunde versuchten, ihn zu trösten, zu ermutigen und ihm auch vom Evangelium her Zuspruch zu geben. Sie hatten manchmal den Eindruck, als käme nichts davon bei Henri an, und waren ratlos, wie sie ihm helfen könnten. Auch hier erkennen wir eine Wunde, eine Zerbrochenheit, die tiefe Spuren in der Seele dieses brillanten Schriftstellers und Seelsorgers hinterlassen haben.

Inmitten seiner Kämpfe gab sich Nouwen jedoch mit außergewöhnlichem Engagement in seine Aufgabe als Priester und als geistlicher Hausvater in seine Lebensgemeinschaft hinein. Dabei verausgabte er sich regelmäßig. Es gelang ihm nur schwer und manchmal gar nicht, Maß zu halten. Zeitweise arbeitete er bis zur Erschöpfung. Das damit verbundene gesundheitliche Auf und Ab hielt bis zu seinem Tod an.

Wenn man die Bücher von Henri Nouwen liest und sich gleichzeitig mit seiner Lebensgeschichte auseinandersetzt, dann kann einen manches irritieren. Wie passen diese tiefen geistlichen Einsichten zur ruhelosen, von Wunden geplagten Seele dieses Mannes? Sein Biograf schreibt, dass es Henri Nouwen nur an einer Stelle in seinem Leben gelang, seine geistliche Berufung, seine Sehnsüchte und seine Kämpfe zusammenzubringen: in seinen Büchern. Und genau das ist es, was seine Bücher so unglaublich wertvoll macht und ihnen eine Tiefe verleiht, die der großen Masse an Büchern zum geistlichen Leben fehlt. In seinem eigenen Leben brachte er diese Dinge kaum und nur zeitweise zusammen. Aber beim Schreiben gelang es ihm – es war wie eine Art Therapie für ihn. Dort fand zusammen, was in seinem Leben ständig gegeneinander kämpfte und woran er zeitweise verzweifelte.

Ich frage mich, ob sich diese Therapie des Schreibens irgendwann auch heilsam auf das äußere Leben von Henri Nouwen ausgewirkt hätte, wenn er nicht unerwartet früh gestorben wäre. Ich kann es mir vorstellen. Aber die Zeit dazu ist ihm nicht geblieben.[16] »Er lehrte», so schreibt Ford, »die Dinge am besten, die er selbst am nötigsten hatte.«[17] Das ist wohl ein Schlüsselsatz im Blick auf die Lebensgeschichte dieses Mannes. Hier lag seine Kompetenz. In unmittelbarer Nähe zu seiner Wunde fand sich gleichzeitig seine größte Stärke. Inmitten seiner größten Schwierigkeiten und Kämpfe lag zugleich sein größtes Potenzial, für andere Menschen ein Segen zu sein. Er lehrte die Dinge am besten, die er selber am meisten nötig hatte. »Gerade weil er solch große innere Kämpfe und Konflikte hatte«, so schreibt Ford weiter, »wurde er für die Kirche ein so hilfreicher inspirierender Führer.« Gerade deshalb. Erkennen Sie die außergewöhnliche Kompetenz inmitten einer Wunde, inmitten großer Schwachheit und Zerbrochenheit?

Vielleicht unterscheiden sich die Lebensgeschichte und der Kampf im Leben von Henry Nouwen in mancher Hinsicht von Ihrer eigenen Geschichte. Dennoch ist sie für mich ein Beispiel, das Hoffnung vermittelt. Trotz seiner Zerbrochenheit – oder eben gerade aufgrund seiner Zerbrochenheit – hat Gott diesen Mann gebraucht,

---

16 Es ist schwer, einen Menschen, den man nicht persönlich kennt, richtig einschätzen zu können. Ich maße mir deshalb nicht an, die Tatsache richtig interpretieren zu können, weshalb Henri Nouwen bis ans Ende seines Lebens so stark von seinen Wunden geprägt blieb. Einige Fragen erlaube ich mir trotzdem. Hatte Nouwen Kenntnis von bestimmten Erneuerungs- und Heilungswegen wie beispielsweise dem Prozess der inneren Heilung oder auch der Lebensstilkorrektur, wie sie in gewissen kirchlichen Traditionen und Seelsorgemodellen praktiziert werden? Hatte er Zugang zu einem guten therapeutischen Berater, der ihm half, nach und nach neues Denken einzuüben? Meine (ungesicherte) Vermutung bleibt, dass Henri Nouwen mehr an seelischer und geistlicher Veränderung und Heilung hätte erfahren können, wenn er länger gelebt und Zugang zu solchen Möglichkeiten gehabt hätte.

17 Ford: *Wounded Prophet,* 213 (Übersetzung des Zitats durch den Autor).

um unzähligen Menschen den Weg zu einer echten und tiefen Gottesbeziehung aufzuzeigen. Er war kein Mann, der das Leben locker im Griff hatte. Bis ans Ende seines Lebens blieb seine Wunde und blieben seine Kämpfe. Selbst das hat Gott aber nicht daran gehindert, diesen Mann zum Segen für andere Menschen werden zu lassen. Gott, der Müllsammler, der selbst aus Schrott etwas Gutes, Wertvolles zustande bringt. Der Vater, der aus dem, was uns entgleitet, etwas Neues macht, das seinen Zielen dient und ihn verherrlicht.

Monty Roberts – der Mann, der zum Herzen von Pferden und Menschen durchdrang

Von Zeit zu Zeit suche ich eine Bibliothek oder eine Buchhandlung auf und durchstöbere alle vorhandenen Sparten auf der Suche nach einem Buch, das mich in ein mir unbekanntes Gebiet oder Thema einführt. Vor etwas zwei Jahren fiel mir bei einer solchen Stöberaktion in unserer Stadtbibliothek das Buch *Shy Boy* von Monty Roberts in die Hand. Auf dem Buchrücken las ich, dass dieses Buch das Experiment beschreibt, einen wilden Mustang innerhalb von zwei Tagen ohne die Anwendung von klassischen, oft mit Gewalt verbundenen Zähmungsmethoden an einen Reiter zu gewöhnen. Schon immer war ich von Pferden fasziniert gewesen. Als Jugendlicher war ich eine Zeit lang selber geritten. Spontan nahm ich dieses Buch mit. Zu Hause las ich es in einem Zug durch. Es faszinierte mich so sehr, dass ich begann, mich näher mit diesem Autor und sogenannten »Pferdeflüsterer« auseinanderzusetzen. Das Internet und einige weitere Bücher waren mir dabei eine Hilfe. Was ich dabei entdeckte, war die Geschichte eines schmerzhaft verwundeten Mannes, aus dessen Zerbrochenheit sich eine außerordentliche Stärke entwickelt hatte.

> In unmittelbarer Nähe zu seiner Wunde fand sich gleichzeitig seine größte Stärke. Inmitten seiner größten Schwierigkeiten und Kämpfe lag zugleich sein größtes Potenzial.

Monty Roberts wuchs als Sohn eines Pferdetrainers auf. Sein Vater zähmte wilde Mustangs und ritt sie zu, bevor er sie weiterverkaufte. Die Zähmungsmethoden bestanden darin, dass er wilden Pferden ihren Willen brach, um sie gefügig zu machen. Das geschah durch das sogenannte »Aussacken«. Dabei wird ein menschenscheues Pferd so festgebunden, dass es weder davonlaufen noch ausschlagen kann. Sein Kopf ist mit mehreren Stricken fixiert und eines der Hinterbeine hochgebunden. Das ist für ein wildes Pferd eine höchst bedrohliche Situation. Jede Flucht- oder Verteidigungsmöglichkeit ist ihm genommen. Es ist einem Angreifer hilflos ausgeliefert.

Das »Aussacken« besteht nun darin, dass man dieses Pferd von hinten mit einem schweren Sack auf die Hinterhand schlägt. Das Pferd wird dabei nicht verletzt, gerät aber in höchste Panik. Seine Angst und Verzweiflung steigern sich ins Unendliche, bis es vor Erschöpfung resigniert und einbricht. Ist dieser Zustand erreicht, lässt es alles mit sich geschehen und gibt auf. Das Aussacken wird etwa sechs Wochen lang wiederholt, bis das Pferd so gebrochen ist, dass es, sobald sich ihm ein Mensch nähert, völlig willenlos ist. Das Pferd hat verstanden: »Es hat keinen Wert, sich gegen einen Menschen zu wehren, davonzulaufen oder auszuschlagen. Er ist stärker als ich. Gegen ihn habe ich keine Chance!«

Monty Roberts störte sich schon als kleiner Junge an diesem groben Umgang mit Pferden. Er war noch keine acht Jahre alt, als sein Vater ihm das Aussacken beibringen wollte. Monty fürchtete sich davor und experimentierte mit Pferden auf der Farm, ob es nicht eine andere, gewaltlose Möglichkeit gab, die Tiere zutraulich zu machen. Tatsächlich gelang es ihm, einen jungen Wallach ohne die Methode des Aussackens innerhalb von drei Tagen an den Sattel zu gewöhnen. Monty Roberts war restlos begeistert von seiner Entdeckung und wollte sie unbedingt seinem Vater zeigen. In seinem Buch *Der mit den Pferden spricht* beschreibt Monty die anschließende Reaktion seines Vaters:

Zuversichtlich brachte ich den Wallach in den Longierring und ging gemeinsam mit ihm auf und ab ... Zum Schluss stand ich neben dem Tier, langte, so hoch ich konnte, und ließ mit ruhigen, vorsichtigen Bewegungen den Sattel auf seinen Rücken gleiten. – Als ich mich nach meinem Vater umsah, starrte er mich mit offenem Mund an. Ich war mir nicht sicher, wie ich seinen Blick zu deuten hatte, hoffte jedoch, dass Verblüffung und Stolz über die Leistung, die ich in nur drei Tagen vollbracht hatte, überwogen. Langsam und noch immer mit jenem Blick in den Augen, der alles bedeuten konnte, erhob er sich. Seine ersten Worte waren: »Was habe ich da bloß in die Welt gesetzt?« Er sprang von der Beobachtungsplattform, und ich sah plötzlich die meterlange Stahlkette in seiner Hand. Er stürmte auf mich zu und packte mich am Arm. »Was habe ich da bloß in die Welt gesetzt?«, wiederholte er. – Er hob seine Kette und ließ sie mit brutaler Härte auf meinen Hintern und meine Oberschenkel niedersausen. Der Schmerz und der Schock durchfuhren mich von Kopf bis Fuß, und das Blut wich aus meinem Gehirn, sodass ich fast ohnmächtig wurde. Etwas schien in mir zu zerbrechen. – Minutenlang hagelten die Schläge auf mich herab. Verzweifelt wand ich mich in seinem Griff hin und her.

Am Ende war ich nur noch ein Häuflein Elend. Mein Vater hatte mich genauso behandelt wie die Pferde, die er so lange prügelte, bis sie sich ihm unterwarfen. Und ich empfand genauso wie die Tiere – empfand die gleiche Wut und die gleichen Versagergefühle.[18]

Diese Erfahrung war die wohl traumatischste im Leben dieses knapp achtjährigen Jungen. Er hatte überhaupt nicht damit gerechnet, dass sein Vater so reagieren würde. Er war sich sicher, dass sein Papa ebenso fasziniert sein würde wie er selbst. Er hatte sich aus-

---

18 Monty Roberts: *Der mit den Pferden spricht* © 1997 Verlagsgruppe Lübbe GmbH & Co., Bergisch Gladbach, S. 36-37.

gemalt, wie sehr sein Vater sich mit ihm freuen würde und dass er mit ihm zusammen diese andere Art, mit Pferden umzugehen, einüben würde. Nun auf einmal realisierte er, dass sein Vater sich durch das, was sein Sohn hier tat, so sehr infrage gestellt und in seinem Berufsstolz verletzt sah, dass er die Beherrschung verlor und unkontrolliert auf ihn einschlug. Es stellte seine ganze langjährige Erfahrung mit Pferden fundamental infrage. Damit konnte Montys Vater nicht umgehen.

Sie können sich vorstellen, wie sehr Monty von dieser Reaktion verletzt war. Sein eigener Vater begegnete *der* Entdeckung seines Lebens mit solch einer Ablehnung und Zurückweisung, wie sie schmerzhafter kaum sein konnte. Dieser Tag veränderte Montys Leben. Er fasste den Entschluss, nie mehr mitzuhelfen, ein Pferd auszusacken. Vielmehr wollte er diese Sprache der Pferde, die er entdeckt hatte, weiterlernen, verfeinern und mit ihr experimentieren.

Nun auf einmal realisierte er, dass sein Vater sich durch das, was sein Sohn hier tat, so sehr infrage gestellt und in seinem Berufsstolz verletzt sah, dass er die Beherrschung verlor und unkontrolliert auf ihn einschlug.

Einige Jahre später machte Monty, inzwischen 14 Jahre alt, in der Hochwüste der Sierra Nevada eine faszinierende Entdeckung. Er beobachtete eine Herde wilder Mustangs in der freien Wildbahn. Dabei fiel ihm auf, wie die Leitstuten der dort lebenden Pferde ihre Herde führten. Sie wandten alle das gleiche Muster an. Die Leitstute kommunizierte durch ihre Körperhaltung mit einzelnen Pferden aus ihrer Herde. Zum Beispiel schickte sie junge Hengste, die in ihrem Übermut andere Pferde belästigten, für eine Zeit lang so weit von der Herde weg, dass der Störenfried isoliert war, aber dennoch in Sichtweite blieb. Nach ein, zwei Stunden gab sie ihm wiederum durch ihre veränderte Körperhaltung ein Signal, mit dem sie ihm zu verstehen gab, dass er seine Strafe abgesessen hatte und wieder zur Herde zurückkehren durfte.

Monty war fasziniert und entschloss sich, weiterhin wilde Pferde zu beobachten, um ihr Verhalten und ihre Kommunikation besser zu verstehen. Nach einiger Zeit verdichteten sich seine Beobachtungen zu einer faszinierenden Idee. Monty fragte sich: Würde ein Pferd darauf reagieren, wenn ein Mensch sich ihm gegenüber so zu verhalten beginnt, wie es eine Leitstute tut? Konnte er als Mensch die Körpersprache einer Leitstute imitieren und auf eine vergleichbare Weise mit einem Pferd kommunizieren? Er entschloss sich, die Sache auszuprobieren. Zu seinem Erstaunen stellte er fest, dass es tatsächlich funktionierte. Nach Wochen des Übens und Experimentierens gelang es ihm eines Tages, ein wildes Pferd so sehr mit sich vertraut zu machen, dass er sogar auf ihm reiten konnte. Und das, obwohl er nur wenige Stunden in der »Pferdesprache« mit diesem Pferd »geredet« hatte.

Was Monty in den Jahren darauf entwickelte, sollte die Pferdewelt revolutionieren. Er wurde zu einem der weltweit bekanntesten Pferdeflüsterer, dessen Spezialität es wurde, traumatisierte Pferde zu behandeln, mit denen selbst erfahrene Pferdekenner nicht mehr zurechtkamen. Zum Beispiel Tiere, die nach einem Verkehrsunfall im Pferdeanhänger so scheu geworden waren, dass sie keinen Menschen mehr an sich heranließen. Es war unmöglich, sie weiterhin zu transportieren. Dann gab es Rennpferde, die so sehr vor der Startbox auf der Rennbahn scheuten, dass sie praktisch unbrauchbar geworden waren, obwohl sie zu den besten und teuersten gehörten. Monty Roberts begann, mit solchen Pferden zu arbeiten. Er wendete die bei den freien Pferden auf der Wildbahn gesammelten Beobachtungen an und begann, das Vertrauen solch verstörter Pferde zu gewinnen. Mit wenigen, aber sehr wirkungsvollen Übungen half er ihnen, ihr Trauma zu überwinden. Schon nach kurzer Zeit stiegen sie wieder in ihren Transportanhänger oder trauten sich in ihre Startbox. Und das freiwillig, ohne dass Monty Gewalt anwenden oder die Pferde zu etwas zwingen musste, das sie nicht selber wollten.

1997 entschloss sich Monty Roberts schließlich zu einem besonderen Experiment. Er lud ein Filmteam der BBC ein, ihn beim Einfangen und Zähmen eines wilden Mustangs zu begleiten. Seit Jahren behauptete er, es sei möglich, innerhalb von zwei Tagen ein wildes Pferd an Sattel und Reiter zu gewöhnen und dabei auf jegliche Anwendung von Gewalt oder Zwang zu verzichten. Monty entschloss sich zu diesem Projekt, weil ihm viele Kritiker nicht glaubten und behaupteten, er verbreite Unwahrheiten, wenn er darlegte, dass Pferde auf diese alternative Art zu zähmen seien. Er wollte mit diesem Experiment vor unabhängigen Fachleuten demonstrieren, dass das Unmögliche möglich sei. Und so entstand der faszinierende Film und das dazugehörige Buch *Shy Boy*, die diesen Versuch in der freien Wildbahn dokumentieren, der dann auch tatsächlich gelungen ist.[19]

Eine kleine Randbemerkung zum Schluss: Im Laufe seines Lebens haben Monty Roberts und seine Frau fast zwanzig junge Menschen bei sich auf ihrer Pferdefarm aufgenommen, die mit ihrem Leben nicht mehr zurechtkamen. Jugendliche, die von der Schule geflogen und straffällig geworden waren. Junge, zerbrochene Menschen, bei denen Eltern und Erzieher nicht mehr weiterwussten. Monty Roberts fand einen Weg, ihr Interesse und ihren Willen dafür zu wecken, aus ihrem Leben doch noch etwas Gutes zu machen. Wie er das anpackte? Seine Antwort ist einfach: »Wenn das Leben von jungen Menschen aus dem Gleichgewicht geraten ist, helfen ihnen dieselben Grundsätze, die auch bei Pferden funktionieren, mit denen man nicht mehr zurechtkommt. Menschen und Pferde sind sich erstaunlich ähnlich ...«

Aus seiner Zerbrochenheit entstand eine einzigartige Stärke. Eine Gabe, eine Kompetenz, eine Fähigkeit.

Sie ahnen sicher, weshalb ich diese Geschichte erzähle. Monty Roberts ist ein Mensch, der in seiner Kindheit eine traumatische Erfahrung machte und zurückgewiesen wurde. Wie Henry Nouwen

19 Das Buch: Monty Roberts: *Shy Boy: Gespräche mit einem Mustang.* Bergisch Gladbach: Verlagsgruppe Lübbe GmbH & Co., 1. Aufl. 2000. Der Film (DVD): Monty Roberts/BBC: *Shy Boy.* München/Grünwald: Komplett Media Verlag GmbH.

lebte er mit einer schmerzhaften Vaterwunde. Monty Roberts schreibt, dass er den Schmerz dieser Erfahrung nie ganz losgeworden ist. Diese Wunde, so quälend sie war, hat sein Leben aber nicht unbrauchbar gemacht. Im Gegenteil. Aus seiner Zerbrochenheit entstand eine einzigartige Stärke. Eine Gabe, eine Kompetenz, eine Fähigkeit, durch die er Pferden und Menschen auf eine faszinierende Art und Weise Gutes tun konnte. Ich weiß zu wenig über das Glaubensleben dieses Mannes. Ich weiß nicht einmal, ob er sich als Christ sieht. Dieses Thema kommt in seinen Büchern kaum zur Sprache. Dennoch zeigt sich in seiner Lebensgeschichte das Prinzip, dass Wunden ein Nährboden für außergewöhnliche Stärken werden können. Wenn es diese Möglichkeit sogar für Menschen gibt, die nicht öffentlich bekennende Christen sind, wie viel mehr gibt es sie dann für diejenigen, die bewusst mit Jesus Christus unterwegs sein wollen?

Kapitel 5:

Der Weg

Drei Schritte auf dem Weg von der Wunde zur besonderen Stärke

Lassen Sie mich noch einmal wiederholen, was meine tiefste Überzeugung ist, wenn es um unsere Lebenswunden geht: Dort, wo in uns etwas zerbrochen ist und uns der Schmerz einer Verletzung vielleicht lebenslang begleitet, gerade dort schenkt Gott denen, die dafür offen sind, eine besondere Stärke. Lebenswunden können uns also auf einem bestimmten Gebiet besonders kompetent machen.[20] Darin besteht das Geheimnis eines verwundeten Heilers. Und das ist die Hoffnung, die ich Ihnen im Blick auf Ihre eigenen Lebenswunden vermitteln möchte.

Ist beim Lesen des letzten Kapitels in Ihrem Herzen die Sehnsucht entstanden, dass auch Ihre Wunden zu einer besonderen Fähigkeit werden, durch die Sie anderen Menschen Gutes vermitteln können? Wenn dieser Wunsch Wirklichkeit werden soll, dann sollten Sie drei Dinge beachten. Sie können es nicht herbeizwingen, denn es ist im Wesentlichen Gottes Geschenk und Wirken, das so etwas möglich werden lässt. Es gibt aber ein paar Schritte, die wir selber gehen müssen und die er uns auf diesem Weg nicht abnimmt.

---

20 An dieser Stelle ist eine Klärung angebracht: Wenn ich in diesem Kapitel davon schreibe, dass aus Wunden besondere »Stärken« entstehen können, dann meine ich damit nicht primär die geistlichen Gaben (Charismen), von denen die Bibel in 1. Korinther 12, Römer 12 und Epheser 4 spricht. Nach dem Neuen Testament hat jeder Christ solche Charismen, unabhängig von seiner geistlichen Reife und davon, ob er ein verwundeter Mensch ist oder nicht. Die aus einer Wunde hervorgehende Kompetenz ist eher mit einem bestimmten Umfeld, Anwendungsgebiet oder Anliegen vergleichbar, in dem meine Charismen besonders wirksam zum Zug kommen können.

Hier sind wir gefragt, wenn wir möchten, dass aus unserem Schwachpunkt Segen werden kann.

Der erste Schritt: sich der eigenen Zerbrochenheit stellen

Dieser erste Schritt ist grundlegend. Es geht darum, der eigenen Zerbrochenheit nicht länger auszuweichen. Sie nicht länger schönzureden oder sie zu verharmlosen. Damit aus Wunden Stärken werden können, müssen wir akzeptieren, dass es sie in unserem Leben gibt. Ich behaupte nicht, dass alle Menschen zutiefst verwundete Wesen sind. Wir brauchen uns nichts einzureden, was nicht ist. Aber wie wir bereits an früherer Stelle gesehen haben, gibt es wohl keinen Menschen, der völlig frei von Wunden ist.

Der Weg von der Wunde zur Stärke wird freigelegt, wenn wir nicht länger so tun, als gäbe es bei uns keine tiefen Verletzungen. Wenn wir aufhören, sie zu verstecken: vor uns selbst, vor Gott und unseren Mitmenschen. Vielleicht gehört zu diesem Schritt auch, damit aufzuhören, sie vorschnell »wegbeten« zu wollen. Sie durch unseren Einsatz, unsere Arbeit oder ein über unsere Kräfte gehendes Engagement in der Gemeinde zuzudecken, damit wir nicht länger an sie denken müssen. Viele Menschen betäuben ihren eigenen Schmerz durch ein ungesundes Maß an Beschäftigung. Doch damit wird er nicht überwunden.

> Lebenswunden können uns auf einem bestimmten Gebiet besonders kompetent machen. Darin besteht das Geheimnis eines verwundeten Heilers.

Verzichten Sie auf Ihre eigene Strategie, die Lebenswunden in Ihrer Seele zum Schweigen zu bringen. Lassen Sie den Schmerz zu, der in Ihnen ist. Vielleicht ist dieser Schritt auch mit einem Trauerprozess verbunden. Mit der Trauer über das, was Ihnen damals genommen wurde. Oder darüber, dass Sie zurückgewiesen wurden. Falls Sie diese Trauer bisher nie bewusst empfunden und ausgedrückt haben, ist es wichtig, dass Sie das nachholen. Beklagen Sie vor Gott ruhig einmal den Verlust und den Schmerz, den diese

Zurückweisung mit sich gebracht hat.[21] Erlittene Verletzungen beklagen und aussprechen, was wir nicht verstehen, ist ein Teil des Heilungsprozesses, den unsere Seele braucht. Falls Sie Gott im Stillen Vorwürfe machen, sprechen Sie diese ruhig einmal aus. Gott kann sehr gut damit umgehen, denn er weiß, dass das wichtig für uns ist, damit wir im Bereich unseres größten Schmerzes langsam zur Ruhe kommen können. Trauen Sie sich, Gott das zu sagen und ihm zu klagen, was schiefgelaufen ist!

Als besonders hilfreich erlebe ich es, solche Dinge auch einigen Freunden anzuvertrauen. Ich gehöre zu einem Kreis von vier Männern, die sich regelmäßig treffen. Vor einigen Monaten haben wir begonnen, einander unsere Vätergeschichten zu erzählen. Wir vertrauten uns an, wie unsere leiblichen Väter für uns waren. Wie wir sie erlebten. Was wir von ihnen lernten. Was wir an ihnen vermissten. Schließlich war Georg an der Reihe. Während er erzählte, wurde für uns alle immer deutlicher: In seiner Seele verbirgt sich eine Vaterwunde. Er erzählte von den Momenten, in denen er sich so sehr gewünscht hatte, sein Vater würde ihm zur Seite stehen, würde mit ihm auf Berge klettern oder ihm helfen, die großen neuen Lebensabschnitte in seinem jungen Leben zu bewältigen. Es fiel Georg nicht leicht zu erzählen, was seine Wünsche waren; was er so sehr vermisst hat und was ihn bis heute schmerzt. Er hatte darüber noch nicht einmal mit Anja, seiner Frau, gesprochen.

Erlittene Verletzungen beklagen und aussprechen, was wir nicht verstehen, ist ein Teil des Heilungsprozesses, den unsere Seele braucht.

Georg erzählte lange. Und während er erzählte, spürten wir, wie ihm während des Redens über seine Wunde zentnerschwere Lasten von der Seele fielen. Es wirkte befreiend auf ihn, das alles einmal auszusprechen. Am Schluss sagte er: »Das hat mir jetzt unglaublich

21 Siehe auch das Kapitel »Von der Gabe des Trauerns und Klagens« in meinem Buch *Echt und stark: Kraftvoll glauben – Tiefgang finden*, ab S. 119.

gutgetan, euch das einfach mal so ungeschützt erzählen zu können. Ich habe noch nie mit jemandem über diese Dinge gesprochen ...«

Wenn wir über unsere Wunden sprechen, sind wir selten objektiv. Wir haben nicht immer recht mit dem, was wir da formulieren. Unsere Empfindungen sind geprägt von unseren ganz persönlichen, subjektiven Interpretationen einer bestimmten Situation. Mit der tatsächlichen Wahrheit haben diese manchmal wenig zu tun. Nehmen wir zum Beispiel Georgs Vaterwunde. Seine schmerzlichen Erfahrungen basieren allein auf seinen Beobachtungen, Empfindungen und Schlussfolgerungen. Ein Sprichwort sagt, Kinder seien zwar sehr gute Beobachter, aber schlechte Interpreten. Was Kinder als Ablehnung interpretieren, muss von den Eltern nicht so beabsichtigt sein. Weil aber das Kind eine bestimmte Situation als Zurückweisung deutet, ist es für es auch tatsächlich eine Zurückweisung.

Ob nun die Art und Weise, wie Georg das Verhalten seines Vaters interpretierte, hundertprozentig der Wahrheit entspricht oder nicht, ist zunächst nicht wichtig. Darüber nachzudenken gehört in eine spätere Phase seines Heilungsprozesses. Dann ist es auch angebracht, dass Georg beginnt, seinem Vater zu vergeben und nicht länger an den Vorwürfen ihm gegenüber festzuhalten. Und dass er Gott um Vergebung für seine Verbitterung und Anklage gegenüber seinem Vater bittet. Zunächst aber ist nur eines wichtig: Er hat die Dinge, die damals passiert sind, so und so empfunden. Und deshalb braucht er das gar nicht schönzureden. Es hat ihn verwundet. Er empfindet den Schmerz, der in dieser Situation entstand. Er ist sehr real. Vielleicht tut er seinem Vater mit seiner Interpretation unrecht. Dennoch ist es wichtig, dass Georg zu den Schlussfolgerungen steht, die er gezogen hat. Es ist wichtig, dass er dem Schmerz nicht länger ausweicht, den er mit sich trägt.

Während Georg seine Geschichte erzählte, wurde deutlich, dass er hier gerade die erste Aufgabe im Blick auf seine Lebenswunde in Angriff genommen hatte: Er wich seiner Wunde nicht länger aus, sondern stellte sich seiner Gebrochenheit. Damit war ein erster wichtiger Schritt getan.

Der zweite Schritt: Gott in der Zerbrochenheit sein Werk tun lassen

Das geschieht zunächst durch die Übungen, die ich im Kapitel »Die Berührung« beschrieben habe: Lernen Sie es, Ihre Wunde zur Wunde von Jesus Christus zu bringen. Beginnen Sie, Ihre inneren Feinde zu segnen, statt sie verbissen zu bekämpfen. Damit vertrauen Sie Ihre Zerbrochenheit Gott an. Sie überlassen sich und Ihren Schmerz dem himmlischen Vater und erwarten, dass er lindernd, heilend, tröstend und liebevoll beruhigend an Ihrer Wunde handelt.

Ich persönlich verbinde diesen Schritt oft mit einem meiner Lieblingsgebete. Es ist das Hingabegebet von Nikolaus von der Flüe:

> *»Mein Herr und mein Gott, nimm alles von mir, was mich hindert zu dir.*
> *Mein Herr und mein Gott, gib alles mir, was mich fördert zu dir.*
> *Mein Herr und mein Gott, so nimm mich mir und gib mich ganz zu eigen dir.«*

Während ich so bete, erwarte ich, dass Gott das Hindernde, das Destruktive und Explosive in meiner Wunde verändernd berührt. Gleichzeitig glaube ich, dass er diese Verletzung in eine Stärke verwandelt, aus der Gutes für mich und andere Menschen hervorgehen kann. In einem Gebet von Charles de Foucault, das mir ebenfalls eine große Hilfe ist, heißt es an einer Stelle:

> *»In deine Hände lege ich meine Seele. Ich gebe sie dir, mein Gott, mit der ganzen Liebe meines Herzens. Weil ich dich liebe und weil diese Liebe mich treibt, mich dir hinzugeben, mich in deine Hände zu legen. Ohne Maß. Mit einem grenzenlosen Vertrauen. Denn du bist mein Vater.«*

Solche Gebete helfen mir, meine Seele mit allem, was sie irritiert und verwundet hat, Gott zu überlassen und zu erwarten, dass er an ihr handelt. Zu diesem zweiten Schritt gehört auch, dass Sie offen werden und Ausschau halten nach dem Neuen, das Gott in Ihrer

Zerbrochenheit tun will. Strecken Sie sich aus nach der besonderen Fähigkeit, die Gott Ihnen schenken will. Rechnen Sie damit, dass Gott auch für Sie etwas Neues bereithält. Bitten Sie Gott daher um zwei Dinge: erstens, dass er Ihnen im richtigen Moment zeigt, was diese neue Aufgabe ist und wie Sie die besondere Stärke einsetzen können, die er Ihnen anvertrauen möchte. Und zweitens, dass er Sie auf diese neue Aufgabe vorbereitet. Beten Sie, dass es sich für Sie klar zeigt. Und dann seien Sie einerseits erwartungsvoll offen und gespannt im Blick auf Gottes Führung und bleiben Sie andererseits gelassen und ruhig, wenn es eine Zeit dauert, bis es sich zeigt.

Versuchen Sie nicht, sich selbst in eine neue Aufgabe zu berufen. Werden Sie nicht zum Designer Ihrer eigenen Zukunft. Im Leben zerbrochener Menschen kann die Sehnsucht danach, trotz allem, was geschehen ist, von Gott gebraucht zu werden, so groß sein, dass sie Gott zuvorkommen wollen. Sie malen sich aus, welchen Weg Gott sie in der Zukunft führen wird. Sie fixieren ihre Erwartungen auf bestimmte Wünsche und Vorstellungen, welcher Art diese Kompetenz sein wird, die Gott für sie bereithat. Versuchen Sie, dieser Falle zu entgehen, und bleiben Sie geduldig, damit Sie die manchmal überraschende Führung Gottes nicht deshalb übersehen, weil Sie sich zu sehr auf bestimmte Wege und Möglichkeiten fixieren. Überlassen Sie es Gott, welche Art von Person er aus Ihnen formen will, welche Stärke er besonders herausbilden will. Lassen Sie sich nicht von Ihren eigenen Vorstellungen blenden. Denken Sie an die Menschen aus dem Volk Israel, die so einseitige und fixierte Vorstellungen darüber hatten, wie der Messias sein und handeln sollte, dass sie Jesus nicht als den von Gott gesandten Christus erkannten. Sie hatten sich viel zu detailliert ausgemalt, worin das Neue bestehen würde, das Gott ihnen schenken wollte. Seien Sie darum offen für Überraschungen, wenn es um die Frage geht, wel-

Im Leben zerbrochener Menschen kann die Sehnsucht danach, trotz allem, was geschehen ist, von Gott gebraucht zu werden, so groß sein, dass sie Gott zuvorkommen wollen.

che besondere Stärke Gott Ihnen schenkt, durch die Sie anderen zum Segen werden.

Damit meine ich nicht, dass Sie Gott Ihre Wünsche nicht mitteilen dürfen. Sagen Sie ihm ruhig, was Sie sich wünschen, und dann legen Sie diesen Wunsch in Gottes Hände. Bleiben Sie offen und gehen Sie aufmerksam durchs Leben. Öffnet Ihnen Gott irgendwo eine Tür? Zeigt sich irgendwo eine Möglichkeit, andere Menschen zu fördern, zu begleiten, zu ermutigen und zu unterstützen? Wenn Sie solch eine offene Tür erkennen, dann gehen Sie ruhig einmal prüfend hindurch und warten Sie ab, was passiert: Gebraucht Sie Gott hier auf eine neue Weise? Festigt und bestätigt sich hier etwas? Welche Rückmeldung bekommen Sie von anderen Menschen? Oder merken Sie, dass er wohl doch etwas anderes mit Ihnen vorhat?

Vielleicht tun Sie auch unbewusst schon genau das, was Gott Ihnen durch Ihre Wunde geschenkt hat. Es mag Ihnen nicht so recht aufgefallen sein, doch wenn Sie nun überlegen, merken Sie, dass eine bestimmte Sache – sei es eine Tätigkeit, eine Aufgabe, eine Eigenschaft –, zu der Sie immer wieder positive Rückmeldung bekommen, genau diese Gabe ist, die Ihnen durch Ihre Verletzungen geschenkt ist. Werden Sie selbstbewusster in diesem Punkt und überlegen Sie zum Beispiel, ob Sie in diesem Bereich weitere Schritte machen können, z.B. eine Schulung besuchen, einen Dienst in der Gemeinde übernehmen etc.

Wichtig ist in diesem Zusammenhang auch, dass es sich nicht immer um eine klassische Aufgabe oder einen offiziellen Dienst handeln muss. Vielleicht ist es einfach eine Eigenschaft, die Ihnen unscheinbar und wenig bedeutend vorkommt, die aber auf andere Menschen eine sehr positive Wirkung hat. Sie sind besonders sensibel und können Menschen, die traurig sind, gut trösten. Oder Ihnen ist es ein großes Anliegen, Menschen das Gefühl zu geben, dass sie willkommen sind, und Ihr Haus ist immer voller Gäste. Denken Sie nicht zu gering von sich, wenn Sie sich auf die Suche nach Ihrer besonderen Stärke machen!

Als ich vor Jahren begann, mich mit diesem Thema auseinanderzusetzen, hätte ich mir niemals vorstellen können, in welche Richtung Gott mich dabei führen würde. Als ich anfing, mich mit der Bedeutung der Seele im hebräisch-christlichen Menschenbild zu beschäftigen, tat ich das zunächst aus einem einzigen Grund: Ich wollte besser verstehen, wie Gott uns Menschen geschaffen und gedacht hat. Die Motivation dazu entstand, weil ich mich plötzlich und unfreiwillig mit meinen eigenen Wunden und Grenzen konfrontiert sah. Ich wollte herausfinden, wie Gott mich geschaffen hat und wie ich ihn inmitten meiner Zerbrochenheit erfahren und meine vielleicht falschen Vorstellungen korrigieren kann. Also studierte ich die Bibel, vertiefte mich ich das hebräisch-christliche Menschenbild und begann, meine hellenistisch geprägten Glaubensvorstellungen zu überdenken. Dass ich jemals darüber schreiben und Seminare halten würde, daran dachte ich damals nicht. Beruflich beschäftigte ich mich mit Fragen des Gemeindeaufbaus, mit Führungsaufgaben und mit dem Studium des Neuen Testaments. Ich dachte immer, dass die Inhalte meiner Lehr- und Verkündigungstätigkeit auf diese Gebiete beschränkt bleiben würden. In den letzten Jahren veränderte bzw. erweiterte Gott jedoch diesen Fokus. Ich merkte auf einmal, wie Gott mich in einem Bereich kompetent machte, der etwas mit meiner eigenen Wunde zu tun hat.

Gott entwickelt unsere größten Stärken auf der Grundlage unserer eigenen Lebensgeschichte.

Ich sträubte mich anfangs dagegen, andere Menschen über diese Themen zu lehren. Das war doch gar nicht mein Fachgebiet! Ich bin weder Psychologe noch Seelsorger. Ich verfüge in diesen Bereichen nur über ein rudimentäres Fachwissen. Also konnte meine Kompetenz doch nicht darin liegen, dass ich Menschen über den Umgang mit ihrer Seele und ihren Lebenswunden lehrte! Trotz meiner Vorbehalte spürte ich dennoch ein leises Drängen und Ermutigen Gottes, vermehrt über diese Dinge zu sprechen. Ich tat es anfangs nur widerstrebend. Erschwerend kam hinzu, dass ich mich zunächst schämte, etwas von meinen eigenen Kämpfen und Schwierigkeiten preiszugeben. Doch ich wurde den Impuls nicht los, dass Gott genau das von mir wollte. Und so tat ich es.

Bis heute erstaunt mich, was Gott daraus hat werden lassen. Ich hätte nie gedacht, dass diese Themen für so viele Menschen sehr relevant und wichtig sind. Ich bekomme Dutzende von Mails und Briefen, in denen hartgesottene Männer das erste Mal über ihre eigenen Wunden schreiben und über ihre verzweifelte Suche nach Begleitern, Seelsorgern und Freunden, die sie auf dem Weg zur heilsamen Auseinandersetzung mit ihrer Zerbrochenheit begleiten.[22] So merke ich, dass Gott mich da in eine Sache »hineinschubst«, die ich mir so nicht ausgesucht hätte.

Es ist vermutlich nicht meine Aufgabe, mich für den Rest meines Lebens mit dieser Thematik auseinanderzusetzen und über sie zu lehren. Aber es scheint im Moment ein Auftrag Gottes an mich zu sein. Manchmal packt mich heute noch die Versuchung, diese Dinge für mich zu behalten und über anderes zu lehren, das mir unter den Nägeln brennt. Aber dann erinnere ich mich wieder an dieses Muster, das die Bibel an so vielen Stellen durchzieht: Gott entwickelt unsere größten Stärken auf der Grundlage unserer eigenen Lebensgeschichte. Ich wäre ein Narr, würde ich diesen Weg Gottes missachten und das, was er mich im Blick auf meine eigenen Wunden lehrt, nicht in seinen Dienst stellen.

Damit sind wir beim dritten Schritt angelangt:

---

22 Ich verweise solche Menschen jeweils auf die Seelsorger in ihrer eigenen Gemeinde und an entsprechende Seelsorgeinstitutionen, wie es davon im deutschsprachigen Raum einige gibt. Ein hilfreiches Verzeichnis christlicher Fachleute für psychologische Beratung, Psychotherapie und Psychiatrie ist auch bei den Schweizerischen Vereinigten Bibelgruppen erhältlich. Die entsprechende Adresse und Telefonnummer finden Sie unter www.evbg.ch. Außerdem gibt es den *Beratungsführer*, der bei SMC R.Brockhaus im SCM-Verlag erscheint, voraussichtlich demnächst auch auf CD-ROM.

Der dritte Schritt:
die Lektionen, die Gott lehrt, mit anderen Menschen teilen

Wenn Sie Gott, wie oben beschrieben, an Ihre Zerbrochenheit heranlassen, werden Sie tief gehende Veränderungen an sich erfahren. Gott wird Sie Lektionen lehren, die faszinierend und neu für Sie sind. Bewahren Sie sich das! Halten Sie fest, was Gott Ihnen Neues über sich und über Sie selbst zeigt. Ich selber tue das mithilfe eines Tagebuchs. Dort schreibe ich mir alle kleinen und großen Lektionen auf, die Gott mir im Alltag vor die Füße legt. Mein Tagebuch ist seit Jahren die kostbarste Sammlung all dessen, was ich neu über Gott, das Leben und mich selbst verstanden habe. Dazu gehören auch all jene Momente, in denen Gott mich erneuert hat, weil er meine Lebenswunde heilsam berührt hat. Alles, was ich gelernt habe, will ich in meinem Bewusstsein verankern und in meinem Herzen festhalten, indem ich es aufschreibe. Ich will diese Erkenntnisse nicht verlieren, denn hier hat Gott mich Wesentliches gelehrt. Ich rate Ihnen, etwas Ähnliches zu tun. Halten Sie die Lektionen und Einsichten fest, die Gott Ihnen schenkt, während er erneuernd an Ihrer Seele wirkt!

Was Gott Sie lehrt, kann für andere wichtig und wegweisend sein. Behalten Sie deshalb nicht für sich, was Sie erkennen.

Bleiben Sie dabei aber nicht stehen. Wenn Gott uns wichtige neue Erkenntnisse schenkt, dann ist es selten so gedacht, dass wir deren »Endverbraucher« sind. In seinen Lektionen steckt ein Potenzial, das über uns hinausreicht. Was Gott Sie lehrt, kann für andere wichtig und wegweisend sein. Behalten Sie deshalb nicht für sich, was Sie erkennen. Erzählen Sie Ihren Freunden davon. Ihren Mitchristen in der Gemeinde oder in Ihrer Kleingruppe. Teilen Sie den neuen inneren Reichtum aus, den Gott Ihnen schenkt, und behalten Sie ihn nicht für sich. Machen Sie sich verletzlich und erzählen Sie anderen Menschen von Ihren Wunden und Zerbrochenheiten. Lassen Sie andere daran teilhaben, dass Gott Gutes an Ihnen getan hat, als er Ihre Wunde berührte und die »Bombe« in Ihnen entschärfte. Erzählen Sie, was Ihnen geholfen hat, den Schmerz zu überwinden und neue Hoffnung zu finden. Bezeugen Sie einfach, was Gott in Ihrem Leben und an Ihren Lebenswunden tut. Tun Sie es nicht aufdringlich. Projizieren Sie dabei Ihre eigene Geschichte auch nicht in das Leben anderer hinein. Erzählen Sie einfach, was *Sie* mit Gott erlebt haben und was Sie neu über ihn verstanden haben.

Es gibt Menschen, die das auf eine Art und Weise tun, die nicht hilfreich ist. Weil bei ihnen selber eine bestimmte Wunde der Auslöser für ein bestimmtes Problem war, denken sie nun, hinter dem vergleichbaren Problem einer anderen Person stecke mit Sicherheit dieselbe Wunde. Sie sehen ihre Freunde mit ähnlichen Herausforderungen kämpfen und sind deshalb überzeugt, dass diese zum Beispiel wie sie selbst von ihren Eltern geschlagen worden sind usw. Oder sie denken, dass die Schritte und Lektionen, die für sie selbst Schlüsselerlebnisse waren, auch die einzige Lösung für die Probleme aller anderen Menschen sind. Und so drängen sie sich ihren Mitmenschen mit ihren Tipps und Lösungsvorschlägen geradezu auf.

Die neue Kompetenz, die Gott in uns formt, kann sich nur zeigen, wenn wir Schritte wagen und Dinge ausprobieren.

Tun Sie das nicht! Erzählen Sie einfach nur von sich. Verzichten Sie gleichzeitig darauf, anderen Ihren eigenen Heilungsweg aufzudrängen. Bezeugen Sie, wie Gott bei Ihnen gehandelt hat. Was Ihnen geholfen hat. Was Ihnen wichtig geworden ist. Seien Sie transparent und überlassen Sie das Resultat Gott. Es ist seine Sache, was er damit macht.

Weshalb ist es wichtig, diese Dinge nicht für sich zu behalten? Wenn Sie dem Neuen, das Gott für Sie bereithält, auf die Spur kommen wollen, dann ist es wichtig, dass Sie Gottes Weg mit Ihrer Seele anderen mitteilen. Sie werden kaum herausfinden, welche besondere Stärke Gott aus Ihrer Wunde entstehen lässt, wenn Sie sein Handeln an Ihnen für sich behalten. Indem Sie es aber weitersagen und bezeugen, kann es wachsen und sich langsam zeigen.

Gebraucht er Ihre Geschichte auf irgendeine Weise? Werden Ihre

Erfahrungen anderen Menschen einfach nur dadurch, dass Sie sie mit ihnen teilen, zum Segen? Sprosst da etwas Neues auf? Zeigt es sich, dass Gott Ihre Geschichte gebraucht, um andere zu ermutigen und zu segnen? Halten Sie die Augen offen und warten Sie ab, was geschieht.

Letztlich geht es darum, Gottes Lektionen pädagogisch zu nutzen. Nicht indem Sie aufdringlich damit »missionieren«, sondern indem Sie bezeugen, wie Gott inmitten Ihrer Verletzungen an Ihnen handelt. Dadurch können Menschen gesegnet werden.

Die neue Kompetenz, die Gott in uns formt, kann sich nur zeigen, wenn wir Schritte wagen und Dinge ausprobieren: Wo und bei wem beginnt Gott durch das, was ich mitteile, etwas zu bewegen? Wo segnet er? Wo kann ich anderen mit dem dienen, was mir gegeben ist? Achten Sie darauf, wo der Spross langsam wächst, aufblüht und erste Früchte zu tragen beginnt. Denn dort zeigt sich das Neue, das Gott für Sie bereithat. Die neue Stärke, durch die Gott Ihre Wunde anderen zum Segen werden lässt.

Ein verwundeter Heiler ist geboren

So werden verwundete Heiler geformt! Sie haben Gott an ihre Wunde herangelassen, teilen mit anderen, wie Gott an ihnen handelt, und beobachten, was der himmlische Vater daraus macht. Ob, wann und wie er beginnt, durch ihre Geschichte andere zu segnen.

Wenn Sie diesen Weg gehen, werden Sie da und dort Zweifel daran bekommen, ob Gottes Weg mit Ihnen für andere tatsächlich zum Segen werden kann. Das ist normal. Lassen Sie sich von diesen Zweifeln nicht lähmen und zurückhalten. Gott wird dafür sorgen, dass Sie auch die gegenteilige Erfahrung machen. Es wird genug Menschen geben, die zu Ihnen sagen: »Deine Geschichte hat mich ermutigt, Gott an meine Wunden heranzulassen.« Oder: »Dieser Satz von dir ist bei mir hängen geblieben und hat einen Stein ins Rollen gebracht. Ich glaube, da hat Gott mir etwas Wichtiges gezeigt.« Spätestens dann, wenn Sie Sätze wie diese hören, wissen Sie es wieder: Gott kann Sie und Ihre Geschichte gebrauchen! Trotz all dem, was bei Ihnen selbst noch nicht ideal und perfekt ist: Gott kann und will durch Sie Segen verbreiten. Das soll Sie dazu ermutigen, die nächste Gelegenheit erneut mutig beim Schopf zu packen und anderen Einblick in Gottes Wege mit Ihnen zu geben. Und Sie werden wieder die erstaunliche Entdeckung machen, dass Gott aus Ihrem Handicap ein Geschenk macht – nicht nur für Sie selbst, sondern besonders auch für andere Menschen. Vielleicht sogar besonders für andere Menschen.

Wenn ich auf die letzten 15 Jahre meines Lebens zurückschaue, dann erkenne ich darin genau dieses Muster. Meine eigene Überforderungskrise damals, die all das ins Rollen brachte, wovon ich hier schreibe, hat mir meine unbeschwerte Vergangenheit nicht zurückgebracht. Meine Belastbarkeit und Leistungsfähigkeit sind heute nicht mehr so, wie sie früher einmal waren. Bis heute lebe ich mit einer angeschlagenen Seele, die einige Narben und Risse in sich trägt. Das Alte ist nicht einfach zurückgekommen. Heute bin ich so weit, dass ich dazu mit Überzeugung sagen kann: »Das ist gut so! Ich möchte die Lektionen, die Gott mich in meinen Schwierigkeiten gelehrt hat, nicht mehr hergeben.«

> Gott hat aus meinem Lebensschrott ein Kunstwerk geformt. Eine Stärke, die mich selbst ermutigt und mit der ich anderen dienen kann.

Was Gott mir anstelle des Alten gegeben hat, ist mir weit wertvoller als das. Diese schwierigen Zeiten haben sich gelohnt. Ich habe Dinge gesehen und die Berührung Gottes auf eine Weise an meinem Herzen erfahren, wie ich sie zuvor nicht kannte. Und ich erlebe heute, wie mir diese Geschichte einen Zugang zum Herzen anderer Menschen gibt, den ich vorher nicht hatte. Ich sehe, wie Gott diese Lektionen gebraucht, nicht nur, um mich selbst zu erneuern, sondern auch, um bei anderen Wesentliches ins Rollen zu bringen. Deshalb möchte ich auf diesen Weg und diese Erfahrungen nicht mehr verzichten. Auch wenn manche Prozesse schmerzhaft waren. Das, was Gott an mir getan hat, ist mir unbezahlbar wertvoll geworden. Gott hat aus meinem Lebensschrott ein Kunstwerk geformt. Eine Stärke, die mich selbst ermutigt und mit der ich anderen dienen kann.

Kapitel 6:

Das Mandat

In unserer Gemeinde führen wir seit einiger Zeit ein zwei Jahre dauerndes Training für junge Nachwuchsleiter mit dem Namen »Young-Leaders-Training« durch. Ein paar Mal pro Jahr treffe ich mich mit einer Gruppe von etwa acht jungen Menschen im Alter von 18 bis 30 Jahren und erarbeite mit ihnen theoretische, praktische und geistliche Aspekte des Leiterseins. Der Schwerpunkt im ersten Jahr dieses Trainings liegt auf der persönlichen und charakterlichen Entwicklung einer Führungspersönlichkeit. Bei einem dieser Treffen versuche ich, diesen jungen Nachwuchsleitern das Bewusstsein dafür zu schärfen, wie Gott sie in ihrem bisherigen Leben darauf vorbereitet hat, Verantwortung für andere Menschen zu übernehmen. Nach meiner Erfahrung tut Gott das in besonderer Weise durch Personen, die uns auf unserem bisherigen Weg geprägt und gefördert haben. Im »Young-Leaders-Training« investieren wir deshalb viel Zeit in das Nachdenken und Austauschen darüber, welche Menschen auf welche Weise in unsere persönliche Entwicklung investiert haben. Welche Menschen mir etwas zutrauten, mich förderten und mir Verantwortung übertrugen.

Dieser Teil des Trainings gehört für mich zu den Höhepunkten der ganzen Schulung. Wenn ich zuhöre, wie diese jungen Nachwuchsleiter von ihren Förderern erzählen, bekomme ich manchmal den Eindruck, als könnte ich direkt hinter die Kulissen von Gottes Werkstatt blicken. Als könnte ich ihn geradezu dabei beobachten, wie er gezielt Menschen gebraucht, um andere Menschen zu ermutigen und aufzubauen. Gebannt hört da zum Beispiel die ganze Gruppe Daniel zu, der von Andi erzählt, dem ehemaligen Hauptleiter der Jungschar. Er erzählt, wie Andi ihm während eines Feriencamps für Kinder Aufgaben anvertraut hat, die ihn eigentlich überforderten. Aber Andi machte ihm Mut, überwachte die Sache aus

Distanz, und siehe da – sie gelang! Das war für den damals fünfzehnjährigen Daniel ein unglaublich wichtiges, unvergessliches Erfolgserlebnis.

Überhaupt fällt mir auf, wie viele junge Menschen in unserer Gemeinde Andi erwähnen, wenn es um die Frage geht, wer sie in ihrem bisherigen Leben auf besondere Weise gefördert hat. Da gibt es eine ganze Reihe von Jugendlichen, die davon erzählen, dass Andi der Erste war, der in einer besonderen Weise in ihre Entwicklung als Leiter investierte. Doch ich höre auch von ganz anderen Förderern. Von Lehrerinnen und Lehrern. Von Jugendarbeitern. Von älteren Arbeitskollegen. Von Vätern. Von Lehrmeistern. Von Gruppenleiterinnen. Von Menschen also, die, ohne es selber zu merken, in jungen Menschen eine unvergessliche Erinnerung hinterlassen haben, weil sie ihnen etwas zutrauten und sie ermutigten.

> Verantwortungsbewusste, mutige Leiter entstehen nicht von selbst. Man findet sie dort, wo es Menschen gibt, die an sie glauben, sie ermutigen, fördern und begleiten.

Die Geschichten, die ich hier zu hören bekomme, bestätigen meine persönliche Überzeugung: Ob ein junger Mensch Führungspotenzial entwickelt und es sich zutraut, Verantwortung zu übernehmen, oder nicht, steht in einem direkten Zusammenhang mit der Frage, ob es schon früh in seinem Leben Förderer gab. Je stärker das der Fall war, umso deutlicher tritt ein Leiterpotenzial zutage. Dieses Muster beobachte ich in der Arbeit mit jungen Nachwuchsleitern immer wieder: Verantwortungsbewusste, mutige Leiter entstehen nicht von selbst. Man findet sie dort, wo es Menschen gibt, die an sie glauben, sie ermutigen, fördern und begleiten.

Ich denke, dass sich in diesem Zusammenhang ein zentraler Aspekt christlicher Nachfolge zeigt: Eine unserer wichtigsten Lebensaufgaben besteht darin, ein Mensch zu werden, der andere Menschen prägt, fördert und ermutigt. Ein Mensch, der in anderen, meist jüngeren Menschen, Leben weckt und ihnen zur Blüte verhilft. Wenn es uns gelingt, im Verlauf unseres Lebens zur Entwicklung einer Handvoll Menschen einen kleinen Beitrag zu leisten, dann kann man von einem Leben sprechen, das Frucht bringt. Von Frucht, die Gott durch uns bewirkt und die anderen Menschen zugutekommt.

Das ist es, was durch »verwundete Heiler« geschehen soll und geschehen kann. Gerade bei verletzten Menschen ist es ein besonderes Kennzeichen von Gottes unbegrenzten Möglichkeiten, wenn er sie auf diese Weise zu gebrauchen beginnt. Sie waren schließlich zerbrochene Persönlichkeiten, die kaum imstande waren, anderen etwas weiterzugeben. Im Gegenteil – sie waren darauf angewiesen, dass andere sich um sie kümmerten und sie versorgten. Wenn nun der Moment kommt, wo dieser Kreislauf der Bedürftigkeit und der Abhängigkeit von anderen Menschen durchbrochen wird, sodass ein verwundeter Mensch nicht länger nur nimmt, sondern anfängt zu geben, dann ist etwas Besonderes geschehen. Dann hat Gott begonnen, Zerbrochenheit in Segen zu verwandeln, und dieser Segen zieht seine Kreise: *Ich will ... dich segnen ... und du wirst ein Segen sein* (Genesis 12,2). Er hat auf sich selbst bezogene Menschen zu verwundeten Heilern gemacht, die nun zu Förderern und Ermutigern für die nachfolgende Generation werden. Das ist die Bestimmung, in die Gott uns Menschen hineinführen möchte. Egal, wie schmerzhaft und chaotisch unser bisheriges Leben gewesen sein mag.

Eine veränderte Einstellung

Verwundete Menschen müssen von dieser Möglichkeit hören und ihre besondere Bestimmung verstehen. Denn viele von ihnen tragen die lähmende Neigung mit sich herum, sich selbst zu disqualifizieren. Sie sind der festen Überzeugung, ihre Zerbrochenheit mache sie unbrauchbar für Gott. Das ist eine handfeste Lüge, und wir Christen wissen, wer sie uns einflüstert (vgl. Johannes 8,44, wo Jesus den Teufel als »Vater der Lüge« bezeichnet). Das Gegenteil ist wahr. Es sind oft ausgerechnet die verwundeten Heiler, die Gott auf besonders eindrucksvolle Weise gebraucht, um sein Reich zu fördern und anderen Menschen zum Leben zu verhelfen. Wenn wir das verstehen und von Herzen glauben können, wird es nicht nur unser persönliches Leben umkrempeln, sondern auch das Leben unserer Gemeinden. Es würde unsere Kirchen beleben und zu Orten machen, in denen Menschen nicht bloß unterhalten und beschäftigt werden wollen. Vielmehr würden aus ihnen Oasen der Wertschätzung, Förderung und Ermutigung, weil dort Menschen zusammenkommen, die verstehen, dass dieser Ort ihnen die besondere Möglichkeit gibt, andere Menschen aufzubauen.

Stellen Sie sich nur einmal einen Sonntagmorgen in einer solchen Gemeinde vor: Neben neuen Besuchern, die noch dabei sind, den Glauben zu entdecken, kommt hier auch eine große Zahl von Gemeindemitgliedern zusammen, die den Weg bis zum verwundeten Heiler gegangen sind. Im Lauf der Jahre haben sie die unreife Form der Selbstbezogenheit abgelegt, mit der sie früher in ihre Kirche gekommen sind. Damals besuchten sie den Gottesdienst mit Einstellungen wie diesen: »Was hat mir meine Kirche heute zu bieten?« – »Hoffentlich kann ich von dieser Predigt etwas mitnehmen!« – »Wenn sie nur diese alten (oder: modernen) Lieder vom letzten Sonntag nicht wieder singen!« – »Ich hoffe, der Pastor schafft es, meinen Glauben wieder einen Schritt nach vorne zu bringen!«

> Es sind oft ausgerechnet die verwundeten Heiler, die Gott auf besonders eindrucksvolle Weise gebraucht, um sein Reich zu fördern und anderen Menschen zum Leben zu verhelfen.

Ein verwundeter Heiler hat diese religiös kaschierte Selbstbezogenheit abgelegt. Er kommt am Sonntagmorgen mit einer ganz anderen Einstellung in seine Kirche. Er hält die Augen offen und fragt sich: »Gibt es hier jemanden, den ich ermutigen kann? Mit einem freundlichen Blick? Mit ein paar aufbauenden Worten? Kann ich einem Mitarbeiter noch irgendwie behilflich sein? Kann ich für jemanden beten, dem es gerade nicht gut geht? Kann ich jemanden aus dem Gottesdienst aufbauen, indem ich ihm sage, wie dankbar ich für seinen Dienst bin? Kann ich jemanden loben, weil er sich seit so vielen Jahren in der Technik oder im Kinderprogramm engagiert?« Nicht jedem fällt es leicht, auf andere zuzugehen. Aber jeder Mensch kann, ungeachtet seiner Persönlichkeit, in seinem Umfeld eine Atmosphäre der Ermutigung und Wertschätzung schaffen. Darum geht es.

Egal, wie reduziert, verwundet und begrenzt wir aufgrund unserer Lebenswunden sein mögen, als verwundete Heiler sind wir von Gott befähigt und berufen, bewusst andere Menschen zu fördern und zu prägen. Verwundete Heiler sind Menschen, die von Gott so viel Gutes empfangen, dass sie aus diesem Reichtum wiederum anderen viel Gutes weitergeben können. Das ist ein tief in der Bibel verankerter Grundsatz.

Ich werde zunächst anhand der Bibel aufzeigen, wie Gott jedem Menschen, egal, wie schmerzhaft und schwierig seine Lebensgeschichte auch sein mag, die Möglichkeit gibt, im Leben anderer entscheidende Spuren zu hinterlassen. In einer kurzen Übersicht möchte ich Ihnen anschließend die wichtigsten sogenannten »Mandate« zeigen, die Gott uns zuweist. Damit meine ich besondere Rollen und Aufgaben, die er uns anvertraut. Auf eines dieser Mandate möchte ich dann ausführlicher eingehen: das Mandat, andere Menschen zu fördern. Am Schluss dieses Kapitels lade ich Sie dazu ein, über die Möglichkeiten nachzudenken, die Gott *Ihnen* gibt, um Menschen in Ihrem persönlichen Umfeld zu fördern. Schließlich werde ich Sie dazu ermutigen, in diesem Zusammenhang die eine oder andere Entscheidung zu treffen, die Sie auf diesem Weg einen Schritt weiterbringt.

> Gottes Ewigkeit im Herzen tragen heißt für einen glaubenden Menschen nichts anderes, als dass Gott ihm schon vor seiner Geburt eine besondere Bestimmung zugedacht hat.

Ewigkeit in unseren Herzen

In Prediger 3 spricht der israelitische König und Dichter Salomo in nahezu poetischer Weise darüber, dass Gott uns begrenzten Menschen Anteil gibt an seiner ewigen, unbegrenzten Dimension:

> *Er hat alles schön gemacht zu seiner Zeit, auch hat er die Ewigkeit in ihr Herz gelegt; nur dass der Mensch nicht ergründen kann das Werk, das Gott tut, weder Anfang noch Ende* (Prediger 3,11; LUT).

Wir Menschen haben zwar keinen Einblick in die Tiefen von Gottes unendlichen Gedanken und Plänen (siehe auch Römer 11,33-36). Dennoch hat Gott die Essenz dessen, was ihn ausmacht, in uns hineingelegt: seine Ewigkeit. In uns finden sich mehr als nur ein paar kaum wahrnehmbare Spuren von Gottes Wesen. Nein, wir sind ihm ähnlich (vgl. Genesis 1,26). In unserer Fähigkeit zu denken, zu fühlen, zu planen, zu handeln, zu lieben, zu schenken, zu empfangen und zu geben verkörpern wir Gott selbst. Diese Dinge sind uns gegeben, weil Gott seine Ewigkeit in unser Herz gelegt hat. Wir sind darin nur wenig geringer als himmlische Wesen; wir verkörpern Gottes eigene Herrlichkeit und Würde (vgl. Psalm 8,6). Das sind absolut faszinierende Perspektiven! Wenn wir diesen Worten der Bibel Vertrauen schenken, verändern sie unsere Sicht über uns selbst, das Leben und über andere Menschen fundamental. Was bedeutet es, wenn ein Teil von Gottes ewigem Wesen in mir ist? Welche Konsequenzen hat das für einen Menschen, der bewusst mit ihm durchs Leben geht?

Der Apostel Paulus hat einige Hundert Jahre nach Salomo dieses Thema aufgenommen und weitergeführt. In seinem Brief an die Epheser zeigt er, wie sich dieser Gedanke der Ewigkeit Gottes im Herzen glaubender Menschen konkret in ihrem Leben niederschlägt: *Seine Geschöpfe sind wir, in Christus Jesus dazu geschaffen, in unserem Leben die guten Werke zu tun, die Gott für uns im Voraus bereitet hat* (Epheser 2,10; EU).

Paulus zieht hier eine praktische Konsequenz aus der Aussage Salomos über die Ewigkeit Gottes in unserem Herzen: Gottes Ewigkeit im Herzen tragen heißt für einen glaubenden Menschen nichts anderes, als dass Gott ihm schon vor seiner Geburt eine besondere Bestimmung zugedacht hat. Im Schoß der Ewigkeit Gottes ist uns eine Rolle und Aufgabe übertragen worden, die nur wir wirklich erfüllen können. Sie liegt für uns bereit, und Gott wirkt in unserem Leben unaufhörlich darauf hin, dass wir diese Rolle erkennen, bejahen und in ihr zu leben beginnen.

Wir spielen einen kleinen, aber nicht unbedeutenden Part in diesem Monumentalfilm der Geschichte Gottes mit dieser Welt.

Stellen Sie sich einmal vor, was das für Sie bedeutet: Es gibt gewisse Aufgaben, die niemand so gut erfüllen kann, wie Sie das können. *Sie* sind die Person, die exakt in diese Rolle hineinpasst! Sie ist exklusiv auf Sie zugeschnitten und nur für Sie gedacht. Sie sind nicht nur zu etwas Ewigem bestimmt – zu einer persönlichen Beziehung zum dreieinigen Gott –, Sie haben auch eine ewige Bestimmung. Gott hat eine Aufgabe für Sie vorbereitet, in der Sie sich bewegen sollen. So nehmen Sie Ihren besonderen Platz in Gottes einzigartigen Plänen mit dieser Welt ein.

Meine Rolle in Gottes monumentaler Geschichte

Mir hilft an dieser Stelle eine kleine Illustration. Stellen Sie sich einmal die ganze Geschichte von Gottes Handeln, von der Erschaffung der Welt bis zum heutigen Tag, als riesigen Monumentalfilm vor. Als Monumentalfilm, in dem Gottes große Geschichte mit den Menschen und der ganzen Welt erzählt wird. Diese Geschichte hat ihre Wurzeln in der Ewigkeit; in Gottes Wesen und seinen Absichten mit dieser Welt. Der rote Faden ist der gewaltige Kampf zwischen Gut und Böse. Gott kam mit seiner Präsenz in diesen Kosmos hinein, in dem Chaos, Dunkelheit und das Böse regierten, weil hier der

Teufel, Gottes Gegenspieler, sein Unwesen trieb.[23] Gott stellte sich dieser dunklen Unordnung entgegen und begann durch die Erschaffung des Lebens der Welt ein Gesicht zu geben und das vorhandene Chaos durch gute Ordnungen zu überwinden. Er erschuf das Licht, die Sonne, die Pflanzen und Tiere und schließlich den Menschen. Er hauchte ihm seinen Lebensatem ein und ermöglichte es ihm, in einer intimen Verbindung mit ihm zu leben. Diese gute Geschichte Gottes mit den Menschen erhielt durch den Sündenfall einen herben Rückschlag mit weitreichenden Folgen (siehe 1. Mose 3-11).

Doch Gott führte die angefangene Geschichte weiter: Er berief Abraham, um durch ihn und seine Nachkommen Gottes Realität und seine guten Absichten den Menschen bekannt zu machen. Aus Abraham wurde ein Volk, das die Bestimmung hatte, die Völker auf diesen einzigartigen Gott hinzuweisen (1. Mose 12,2-3). Durch Höhen und Tiefen, Gehorsam und Versagen hielt Gott zu diesem Volk. Er brachte aus seiner Mitte den Messias Jesus Christus hervor. Durch Jesus weitete sich der Fokus noch einmal. Seine Nachfolger durchbrachen gezielt die Grenzen der jüdischen Religion, indem sie begannen, die Realität Gottes in alle Teile der Welt zu tragen (vgl. Apostelgeschichte 1,8). Bis heute ist die weltweite Kirche diesem Auftrag verpflichtet, bis Jesus Christus wiederkommt (vgl. Lukas 19,13).

Das ist eine ganz kurze Zusammenfassung dieses monumentalen

---

23 Diese Sicht über die Realität und den Ursprung des Bösen entspricht einer verbreiteten Anschauung innerhalb des Judentums, die mir plausibler erscheint als die in manchen christlichen Kreisen vertretene Ansicht vom Teufel als gefallenem, ursprünglich gutem Engelwesen. Nach dieser jüdischen Anschauung ist der Teufel kein von Gott geschaffener Engel, der sich später von Gott abgewandt und gegen ihn gestellt hat. Vielmehr reicht seine Existenz in die Zeit vor der Schöpfung zurück. Bei dieser Sicht wird die Schöpfung als erstes Handeln Gottes zur Überwindung des Bösen verstanden. Die Heilsgeschichte beschreibt demnach nichts anderes als Gottes fortschreitenden Kampf zur Überwindung der widergöttlichen Mächte. In der messianischen Vollendung am Ende der Zeit (siehe Offenbarung 20) wird Gott diesen Kampf siegreich vollenden. Siehe dazu: Klaus Berger: *Jesus*. München: Pattloch Verlag, 2004. 283-291.

Drehbuches, das Gottes Geschichte mit dieser Welt erzählt. Seit ihrer Erschaffung inszeniert Gott diese gewaltige Geschichte und setzt sie konsequent um bis zum heutigen Tag. Sie und ich befinden uns inzwischen im 21. Jahrhundert. Auch unsere Zeit und wir selbst sind für die Dauer unseres Lebens auf dieser Welt ein Teil von diesem großen Erneuerungsplan Gottes. Das heißt: Wir spielen einen kleinen, aber nicht unbedeutenden Part in diesem Monumentalfilm der Geschichte Gottes mit dieser Welt. Unsere Aufgabe besteht darin, unsere Bestimmung zu leben, die uns schon in der Ewigkeit Gottes zugedacht worden ist. Das ist der Gedanke, auf den ich hinauswill: Sie und ich, wir spielen in diesem Monumentalfilm eine Rolle. Nicht die Hauptrolle. Die spielt Gott, der Regisseur, gleich selbst. Dennoch ist unsere Rolle wichtig. In ihr zeigt sich, welch große Bedeutung und Würde mein Leben in Gottes Augen hat.

In einer Wetten-dass-Sendung im Jahr 2007 gab es folgende Wette: Ein etwa zwölfjähriges Mädchen wettete, dass sie mit verbundenen Augen aus einer großen Auswahl von Kasperle-Handpuppen einzelne Puppen allein durch das Reiben ihrer Nase an deren Nase erkennen konnte. Sie gewann diese Wette und bekam als Preis eine Einladung des Komikers, Regisseurs und Schauspielers Michael Herbig, auch bekannt als »Bully«. Dieser plante damals gerade seinen neuen Film »Lissi und der wilde Kaiser«. Als Belohnung für die gewonnene Wette bekam dieses Mädchen, das mit ihrer Nase eine ganze Anzahl von Kasperlepuppen fehlerfrei identifizieren konnte, eine Rolle in diesem neuen Film. Als kleines Mädchen schon hatte sie sich gewünscht, einmal Schauspielerin zu sein. Sie hätten dieses Mädchen sehen sollen, als es erfuhr, welchen Preis es gerade gewonnen hatte. Es strahlte über das ganze Gesicht und war außer sich vor Freude. Seine Augen glänzten, und man sah ihm an, dass dies wohl einer der schönsten Tage seines Lebens war. Als ich diese Sendung sah, musste ich unweigerlich an die Rolle denken, die Gott uns Menschen in einem ganz anderen Drehbuch ermöglicht. Wir bekommen eine Rolle in Gottes monumentaler Geschichte, die von nicht weniger als von der Erlösung und Vollendung der Welt handelt!

Vergessen Sie nie: Sie und ich werden von Gott in seine Erlösungsgeschichte eingebunden. Dabei geht es um viel mehr als um unsere persönliche Lebens- und Glaubensgeschichte. Gottes Geschichte reicht weit über uns als einzelne Menschen hinaus. In ihr geht es um eine ganze Welt, um ganze Völker, um Epochen und Kulturen, in denen Gott handelt, sich offenbart und auf ein Ziel hinsteuert. Obwohl dieses Monumentalwerk meine Vorstellungskraft weit übersteigt, spiele ich darin dennoch eine Rolle. Gott weist mir für die Dauer meines relativ kurzen Lebens meinen Platz zu. Es wäre schade, wenn ich es in meiner frommen Selbstbezogenheit verschlafen würde, diesen Platz einzunehmen. Denn meine Rolle zählt!

Wenn ich die Evangelien lese, dann fällt mir auf, wie Jesus beharrlich darauf hinarbeitete, dass seine Jünger ihre Rolle in Gottes großer Geschichte erkennen und einnehmen konnten. Schon früh bezog Jesus diese zwölf Männer in seine Pläne und Absichten ein. Er übertrug ihnen Aufgaben, durch die sie einen wichtigen Beitrag in der Umsetzung seiner Pläne mit den Menschen leisteten. Als die 5 000 Zuhörer von Jesus Hunger bekamen, sagte er zu ihnen: »Kommt her und schaut, dass diese Leute etwas zu essen bekommen!« (siehe Markus 6,37). Als er die vielen Menschen sah, die sich verzweifelt nach einer Berührung Gottes sehnten (siehe Matthäus 9,36), sorgte er dafür, dass seine Jünger zu seinem verlängerten Arm wurden und so ihre Sehnsucht gestillt werden konnte: *Und er rief seine zwölf Jünger zu sich und gab ihnen die Vollmacht, böse Geister auszutreiben und alle Krankheiten und Leiden zu heilen* (Matthäus 10,1; GNB).

Beim Lesen des Neuen Testaments entdecken wir viele solche Momente, in denen Jesus den Jüngern ihre Rollen zuweist. Er gibt ihnen Aufgaben in Gottes großem Werk. Er erteilt ihnen Mandate.

Wahrscheinlich wären die Jünger nicht von selbst auf die Idee gekommen, diese Rollen einzunehmen. Es war Jesus, der sie ihnen zuwies und sagte: »Meine Männer, jetzt seid ihr dran. Helft mit, Gottes Sache vorwärtszutreiben. Nehmt euren Platz in seiner großen Rettungsgeschichte ein. Jetzt ist eure Rolle in diesem Monumentalwerk dran. Also: Klappe – Film ab – und los geht's!«

Beim Lesen des Neuen Testaments entdecken wir viele solche Momente, in denen Jesus den Jüngern ihre Rollen zuweist. Er gibt ihnen Aufgaben in Gottes großem Werk. Er erteilt ihnen Mandate. Den größten und verantwortungsvollsten Auftrag erteilt er ihnen, kurz bevor er diese Erde verlässt und in die himmlische Gegenwart Gottes zurückkehrt: *Frieden sei mit euch! Wie der Vater mich gesandt hat, so sende ich euch!* (Johannes 20,21; GNB). Jesus überträgt sein eigenes Mandat vollumfänglich seinen Jüngern. Sie sollen nun an seiner Stelle die Rolle ausfüllen, bei der es um nicht weniger geht als darum, die Welt mit Christus bekannt zu machen.

Wir sehen also an vielen Stellen der Bibel, wie konkret es sich auswirkt, dass Gott seine Ewigkeit in unser Herz gelegt hat. In der Umsetzung seiner Absicht, die Welt mit seiner Liebe zu durchfluten und Menschen mit ihm in Berührung zu bringen, spielen wir eine entscheidende Rolle. Dieses Recht, das uns von Gott zugesprochen wird, und die damit verbundene Verantwortung gelten ausnahmslos für jeden Glaubenden.

Damit sind wir beim Stichwort »Mandat« angelangt, um das es in diesem Kapitel geht. Wenn Gott uns eine verantwortungsvolle Rolle zuweist, dann bedeutet dies, dass er uns ein Mandat gibt. Lassen Sie mich einen kleinen Überblick über die wichtigsten Mandate geben, die Gott Ihnen und mir anvertraut hat. Diese Mandate definieren, welches die *guten Werke* sind, zu denen wir laut Paulus *im Voraus berufen* sind (siehe Epheser 2,10).

Gottes Mandate für Christen – eine Übersicht

Das Wort »Mandat« stammt aus dem Lateinischen und bedeutet: Auftrag, Vollmacht, Recht oder Verantwortung für ein bestimmtes Gebiet oder eine bestimmte Sache. Die Bibel spricht von mindestens fünf Mandaten, die Gott uns Menschen überträgt:

Die Schöpfung

In 1. Mose 2,15 überträgt Gott den Menschen das Mandat, seine Schöpfung zu bebauen und zu bewahren. Dieses Mandat erhält in einer Zeit von Umweltzerstörung und Klimawandel eine besondere Brisanz. Christen haben das Recht und den Auftrag, sich aktiv für die Bewahrung der Schöpfung einzusetzen.

Die Familie

Dieses Mandat ist nicht nur verheirateten Personen mit Kindern anvertraut. Wir alle entstammen einer Familie und haben Verwandte. Mein Mandat innerhalb meiner Familie bezieht sich zum einen auf den Umgang mit meinen direkten Vorfahren: *Du sollst deinen Vater und deine Mutter ehren* (2. Mose 20,12; GNB). Diese Aufgabe umfasst den Respekt und die Fürsorge den Menschen gegenüber, denen ich meine Existenz verdanke.

Zu diesem auf die Familie bezogenen Mandat gehört auch eine zweite Ebene: die Verantwortung gegenüber meinem Ehepartner und meinen Kindern. Die Bibel spricht davon, dass die eigene Familie Priorität vor anderen Verantwortungsbereichen hat: *Denn wenn jemand seine eigene Familie nicht zu leiten vermag, wie kann er dann die Sorge für die Gemeinde Gottes übernehmen?* (1. Timotheus 3,5; GNB).

Organisationen

Gott überträgt uns Verantwortung im Blick auf unser Verhalten im Staat, in dem wir leben (siehe Römer 13,1-10; 1. Timotheus 2,1-2), und innerhalb der christlichen Kirche, der wir angehören (z.B. 1. Korinther 12-14; Römer 12,4-13 u.v.a.). Außerdem betrifft dieses Mandat meiner Meinung nach auch Aufgaben und Verantwortungen, die uns in einer Firma, einem Verein, einer Partei, einer Stiftung etc. übertragen sind. Wir haben vielleicht eine wichtige Führungsrolle. Oder wir sind mit der Betreuung von Menschen beauftragt. Oder mit der Lösung bestimmter Probleme. Oder mit der praktischen Unterstützung einer wichtigen Teilaufgabe dieser Organisation. Wo immer man uns in einer öffentlichen oder privaten Körperschaft Verantwortung anvertraut, hat man uns ein entsprechendes Mandat erteilt. Persönlich bin ich der Meinung, dass auch ein durch Menschen verliehenes Mandat von Gott stammen kann, sofern dieses nicht meinen anderen Mandaten widerspricht. Menschen, die in Organisationen eine bestimmte Rolle einnehmen, Verantwortung ausüben, einen Beitrag leisten etc., tun dies immer auch in der direkten Verantwortung Gott gegenüber.

Ich selbst

Bei diesem Mandat geht es um mich selbst. Es beinhaltet das Recht und die Pflicht, für mein inneres und mein äußeres Leben, für meine Seele und meinen Körper Verantwortung zu übernehmen (siehe Sprüche 4,23; 1. Korinther 6,19; Epheser 5,29). Dieses Mandat umfasst auch meine persönliche Verantwortung, Gott zu lieben, ihn über alles zu ehren und im Glauben an ihn zu wachsen (siehe Matthäus 22,37; Epheser 4,13-14). Letztlich hat auch der in diesem Buch thematisierte rechte Umgang mit meinen Lebenswunden mit diesem Mandat, für meine Seele zu sorgen und im Blick auf sie verantwortlich zu handeln, zu tun.

Mein Nächster

Dieses Mandat handelt von meiner Verantwortung gegenüber Menschen, mit denen mich Gott zusammenführt. Zunächst sollte ich jedem mit Respekt und Liebe begegnen (siehe Matthäus 22,39; Römer 12,18). Bei mir näherstehenden Menschen habe ich eine weiter reichende Verantwortung: Gott gibt mir die Aufgabe, sie zu fördern, zu ermutigen, aufzubauen, weiterzubringen (siehe Römer 15,14; Philipper 2,1-4). Diese Aufgabe habe ich besonders meiner Familie und meinen Mitchristen gegenüber – es überschneidet sich also mit dem zweiten und dritten Mandat in dieser Übersicht.

Mein Mandat, ein Förderer und Ermutiger zu sein

Unsere Mandate (siehe Kasten) bilden den Rahmen und definieren die Rollen, die Gott mir innerhalb seines umfassenden, die ganze Menschheitsgeschichte umspannenden Wirkens in dieser Welt zuweist.

Eines dieser Mandate will ich näher beleuchten, denn es spielt auf dem Wachstumsweg verwundeter Heiler eine besondere Rolle. Es betrifft das Mandat gegenüber meinem Nächsten. Ich habe die Aufgabe, ein Förderer der Menschen zu sein, die Gott mir anvertraut hat. Wenn ein zerbrochener Mensch dieses Mandat annimmt und zu leben beginnt, dann ist das ein Zeichen dafür, dass er auf seinem Heilungsweg in die Phase der Reife eingetreten ist.

Wenn ein zerbrochener Mensch dieses Mandat annimmt und zu leben beginnt, dann ist das ein Zeichen dafür, dass er auf seinem Heilungsweg in die Phase der Reife eingetreten ist.

Wie sich Paulus das Leben mit diesem Mandat konkret vorstellt, beschreibt er in Römer 15,14: *Ich bin aber, meine Brüder, im Blick auf euch überzeugt, dass auch ihr selbst voller Güte seid; erfüllt mit aller Erkenntnis, fähig auch einander zu ermahnen* (ELB).

Diese Worte schreibt Paulus, nachdem er den Römern über zwei Kapitel hinweg Lösungsvorschläge im Blick auf einige handfeste Schwierigkeiten innerhalb der Gemeinde unterbreitet hat (siehe Römer 14,1-15,13). Die Beziehungen der Christen untereinander stimmten nicht mehr. Es kam zu Streit und gegenseitigen Anschuldigungen in der Frage, ob man Fleisch essen dürfe, das bei der Schlachtung heidnischen Göttern geweiht worden war. Einige römische Christen sahen darin kein Problem und warfen andersdenkenden Christen in ihrer Gemeinde Engstirnigkeit und Ängstlichkeit vor. Diese wiederum empörten sich darüber, wie leichtfertig ihre Mitchristen mit solchen Fragen umgingen. Paulus versucht nun, den zerstrittenen Gruppen Leitlinien zum Umgang miteinander zu geben. Gleichzeitig spricht er ihnen die Fähigkeit und das Mandat zu, solche Schwierigkeiten selbstständig und konstruktiv lösen zu können. »Ich glaube«, so schreibt er, »dass ihr inzwischen in eurem Glauben an Jesus Christus so weit fortgeschritten seid, dass ihr einander in solchen Fragen liebevoll und mit Güte begegnen könnt; *fähig, auch einander zu ermahnen.*«

Bei diesem Wort »ermahnen« will ich einen Augenblick verweilen. Paulus schreibt seinen Brief in griechischer Sprache. Hinter dem, was in den meisten deutschen Bibeln mit »ermahnen« wiedergegeben wird, steckt das griechische Wort »parakaleo«. Je nach Zusammenhang, in dem dieses Verb verwendet wird, bedeutet es entweder »ermahnen« oder »ermutigen«. Das heißt: Im Bibelgriechischen sind Ermahnen und Ermutigen nicht zwei verschiedene Dinge und schon gar nichts Widersprüchliches, sondern ein und dieselbe Sache. Persönlich bin ich der Meinung, dass es an dieser Stelle in Römer 15,14 korrekt heißen sollte: »Ihr seid fähig, einander zu ermahnen und zu ermutigen.« Vom Kontext her würde ich sogar dem Ermutigen den Vorzug geben – denn gegenseitige Vorwürfe scheinen sich die Römer schon genug zu machen. Paulus plädiert demgegenüber im ganzen 14. Kapitel für einen von Liebe und Rücksicht geprägten Umgang in den strittigen Fragen der Gemeinde.

Der Begriff »parakaleo« kommt auffallend oft in Paulus' Briefen vor. Er scheint damit eine Art Grundsatzprogramm zu umschreiben, an das sich Christen in ihrem Miteinander halten sollen.

Der Begriff »parakaleo« kommt auffallend oft in Paulus' Briefen vor. Er scheint damit eine Art Grundsatzprogramm zu umschreiben, an das sich Christen in ihrem Miteinander halten sollen. An vielen Stellen beschreibt er seinen eigenen Umgang mit den Geschwistern im Glauben mit »parakaleo« (zum Beispiel in 1. Thessalonicher 2,12; 4,1; 1. Korinther 1,10; 4,14; 16,15; Epheser 4,1[24]).

---

24 Ein Tipp: Greifen Sie beim Nachschlagen dieser Stellen auf eine Bibelübersetzung zurück, die sich nahe am griechischen Urtext orientiert. Dazu gehören aktuelle Ausgaben der Lutherbibel, der Elberfelder Bibel und der Zürcher Bibel. In Bibeln, die eher sinngemäß als wörtlich übersetzen, kann

Gleichzeitig fordert er auch Gemeinden immer wieder zu einem Verhalten auf, dass mit »parakaleo« zu tun hat (zum Beispiel in Kolosser 3,16; 1. Thessalonicher 5,11; 1. Timotheus 5,1; 6,2).

Seit vielen Jahren beschäftigt mich die Verwendung dieses Begriffs im Neuen Testament und speziell bei Paulus. Je mehr ich mich damit auseinandersetze, umso mehr wächst meine Überzeugung, dass der Begriff »parakaleo« den Kern dessen umschreibt, was ein im Glauben reif gewordener Mensch an sich geschehen lässt und wie er sich anderen Menschen gegenüber verhält. Ein solcher Mensch ist jemand, der selber viel ermahnende Ermutigung und ermutigende Ermahnung erlebt hat. Gleichzeitig ist er selber ein ermutigender Ermahner bzw. ein ermahnender Ermutiger geworden.

Damit ist nicht gemeint, dass er andere regelmäßig auf ihre Fehler aufmerksam macht und sie verbal anrempelt. Wenn er etwas Kritisches zu sagen hat, dann geschieht es vielmehr in der Gesinnung des »parakaleo«, und dazu gehört immer ein ermutigender Grundton. Wenn er jemanden fördert und aufbaut, dann bleibt er nicht bei lobenden und bestätigenden Worten stehen. Vielmehr ermutigt er seine Mitmenschen im Sinne von »parakaleo« – mit dem Mut, auch heikle Punkte offen, aber immer konstruktiv anzusprechen.

Interessanterweise bezeichnet Jesus den Heiligen Geist mit dem Hauptwort desselben Begriffs: »Parakletos« (etwa in Johannes 14,14.26; 15,26; 16,7). Der Heilige Geist ist der Ermahner und Ermutiger schlechthin. Das Substantiv »Parakletos« kann auch Beistand, Anwalt, Fürsprecher, Ratgeber oder Tröster bedeuten.

Dass Paulus zur Beschreibung eines reifen Umgangs unter Christen ausgerechnet die Verbform eines Wortes verwendet, welches das Wesen und die Aufgabe des Heiligen Geistes umschreibt, ist faszinierend. In unsere Stelle in Römer 15,14 sagt er damit nichts anderes

---

man den Begriff »ermahnen/ermutigen« oft nicht klar erkennen, weil für dieses Wort andere, umschreibende Wendungen verwendet werden.

als Folgendes: »Obwohl ihr in eurer Gemeinde Schwierigkeiten habt, traue ich euch zu, dass ihr die Voraussetzung dazu habt, einander dasselbe zu sein, was der Heilige Geist für uns ist: ermutigende Ermahner, Ratgeber, Tröster, die einander beistehen und einander fördern.«

Vielleicht klingt es in Ihren Ohren etwas provokativ, wenn ich es so zusammenfasse: Paulus geht davon aus, dass Christen einander gegenüber »Parakleten« sind und damit eine vergleichbare Rolle einnehmen, wie sie der Heilige Geist in unserem Leben hat. Das ist wohl ein Aspekt dessen, was Paulus sich unter einer vom Heiligen Geist erfüllten Gemeinde vorstellt: Hier werden Christen einander zu »Parakleten«.[25] Die Art und Weise, wie die Bibel das Wort »parakaleo« verwendet, macht deutlich, dass Christen im Umgang miteinander genau dieses Mandat haben. Sie sollen und können einander Menschen sein, die sich gegenseitig formen, einander fördern, einander anleiten, die einander heilen, die einander freisetzen und einander dort weiterhelfen, wo der Einzelne alleine nicht weiterkommt.

Was sich hier im Neuen Testament zeigt, ist für mich die logische Weiterführung des biblischen Gedankens, dass von Jesus Christus berührte Menschen zu verwundeten Heilern werden können. Für Sie und mich bedeutet dies genau das, wovon ich bereits mehrmals gesprochen habe: Egal, an welcher Stelle wir auf unserer Glaubensreise stehen und welche persönlichen Herausforderungen wir noch zu bewältigen haben: Sie und ich haben das Mandat, unseren Mitmenschen gegenüber zu Förderern und Ermutigern zu werden. Fangen Sie deshalb heute damit an und rechnen Sie damit, dass Sie für andere ein wohltuender Segen sein können!

25 Ich bin nicht der Meinung, dass wir auf diese Weise das Wirken des Heiligen Geistes ersetzen sollen oder dass dieses nur im entsprechenden Umgang von Menschen untereinander zum Tragen kommt. Der Heilige Geist füllt diese Rolle als »Parakletos« auch unabhängig von unserem Miteinander aus – aber eben nicht nur. Ein Teil seines Wirkens realisiert er durch Menschen; überall dort zum Beispiel, wo wir es ihm erlauben, uns zu ermutigenden und ermahnenden Förderern zugunsten anderer zu machen.

Mangeldenken ablegen

Wenn Sie dieses Mandat, andere zu fördern, annehmen und ausüben möchten, müssen Sie mit einer Sache Schluss machen. Nämlich damit, sich im Blick auf diese Aufgabe selber zu disqualifizieren. Gerade verwundete Menschen tragen in sich eine mehr oder weniger starke Neigung dazu, gering von sich zu denken. Das hat mit der Zurückweisung zu tun, die sie erfahren haben und die zum Nährboden ihrer Wunde wurde. Dieses Mangeldenken ist das, was verwundete Menschen am meisten daran hindert, verwundete Heiler zu werden. Sie haben in ihren Gefühlen und Gedanken die Überzeugung verinnerlicht: »Weil ich verletzt wurde, habe ich anderen nichts zu geben. Deshalb brauche ich von anderen viel Zuwendung, Ermutigung und Aufmerksamkeit, damit ich mich nicht erneut zurückgewiesen fühle.« Aufgrund der schwierigen Dinge, die sie erfahren haben, fühlen sie sich schwach, bedürftig und hilflos. Weil sie das in mancherlei Hinsicht tatsächlich sind, brauchen sie die heilende Berührung, von der ich in Kapitel 3 geschrieben habe.

Paulus geht davon aus, dass Christen einander gegenüber »Parakleten« sind und damit eine vergleichbare Rolle einnehmen, wie sie der Heilige Geist in unserem Leben hat.

Bei vielen verwundeten Menschen wird ihre Hilflosigkeit nun aber zu einer Art Lebensprogramm, das sie mehr und mehr bestimmt. Es verfestigt sich in ihrem Fühlen und Denken zu einer hartnäckigen Überzeugung, die sie für den Rest ihres Lebens lähmt. Solche Menschen schließen für sich selbst die Möglichkeit aus, anderen Menschen etwas weitergeben oder sie fördern zu können. Sie verweisen auf ihre Lebenswunden und entziehen sich beharrlich und mit hängenden Schultern dem Mandat, ein Förderer und Ermutiger für andere zu werden. Sie sind fest davon überzeugt, dass man sich um *sie* kümmern muss und es ihnen deshalb nicht möglich ist, für andere da zu sein.

Menschen, die so denken, werden gleichzeitig, ohne es zu merken, zu Menschen, die andere manipulieren. Sie suchen sich Partner, Freunde und Kollegen, die auf sie Rücksicht nehmen, sie versorgen, sie beschützen und vor weiteren Verletzungen bewahren. Nach außen wirken sie wie bedauernswerte Opfer, um die man sich fürsorglich kümmern muss. Sie strahlen geradezu die nonverbale Botschaft aus, dass man sich doch schützend und verständnisvoll vor sie stellen soll. In Wahrheit sind sie höchst widersprüchliche Persönlichkeiten: Einerseits denken sie ausgesprochen niedrig von sich, andererseits verstehen sie es hervorragend, andere geschickt zu manipulieren und zu ihren Gehilfen zu machen. Und sie finden genug Mitmenschen, die gerne diese »Berufung« annehmen und sich zu ihren Rettern und Beschützern machen lassen.

Das Kennzeichen eines verwundeten Menschen, der den Weg der Reife eingeschlagen hat, ist, dass er aus seiner Opferhaltung herauskommt und beginnt, für seine eigenen Gefühle und Gedanken Verantwortung zu übernehmen.

Das Kennzeichen eines verwundeten Menschen, der den Weg der Reife eingeschlagen hat, ist, dass er aus seiner Opferhaltung herauskommt und beginnt, für seine eigenen Gefühle und Gedanken Verantwortung zu übernehmen. Auch für sein Selbstbild. Je mehr er Gottes Handeln an seiner Seele zulässt, umso mehr wird seine Bereitschaft wachsen, sein Mandat, andere zu fördern, anzunehmen. Er beginnt, sein negatives Denken abzulegen. Dieses Buch will nichts anderes als eine Ermutigung sein, sich diesem Weg zu öffnen und die Lähmung zu überwinden, die unsere Wunden in unserem Leben verursacht haben.

Gottes Ziel mit verwundeten Menschen ist, dass sie zu einer neuen Grundüberzeugung im Blick auf ihr Leben und ihre Möglichkeiten finden. Diese neue Grundüberzeugung lautet: »Ich lasse mich von meiner Zerbrochenheit nicht länger daran hindern, ein Mensch zu werden, der anderen etwas zu geben hat. Ich brauche nicht davon abhängig zu bleiben, dass andere sich ständig um mich kümmern und mir die Steine aus dem Weg räumen. Mit Gottes Hilfe und der Ermutigung meiner Freunde will ich lernen, für mich selbst Verantwortung zu übernehmen. Und ich tue es! Ich lasse Gottes Berührung an mir zu. Ich fange an, mit anderen Menschen zu teilen, was Gott Gutes an mir tut. Ich denke nicht weiter zu gering über mich, sondern beginne, ein Ermutiger und Förderer für andere Menschen zu werden. Ich habe ihnen etwas zu geben, und ich rechne damit, dass Gott durch mich andere aufbaut und segnet.«

Ein Bereich, in dem Mangeldenken besonders zu tragen kommt, sind zwischenmenschliche Beziehungen. Ein Mensch, der negativ über sich denkt, erlebt den Umgang mit anderen als anstrengend und oft frustrierend. Ob im Beruf, gegenüber Nachbarn, Freunden oder in der Gemeinde – überall, wo er mit anderen Menschen zu tun hat, bestimmen gewisse Annahmen, Zweifel und Befürchtungen sein Denken und Fühlen. Sie bewirken, dass er anderen nicht frei und gelassen begegnen kann:

- Er ist im Blick auf andere Personen verunsichert: »Wie reagiert der andere auf mich? Gelingt es mir, das Richtige zu sagen? Spüre ich, dass der andere mich annimmt und mir zustimmt?«
- Er geht mit Selbstzweifeln in Begegnungen hinein: »Bin ich gut genug, schön und klug, sodass der andere mich akzeptiert?« – »Ich habe ja doch nichts zu bieten!« – »Der andere ist mir überlegen.«
- Er geht sorgenvoll in Begegnungen hinein: »Ich befürchte, dass der andere mich verachtet oder dass er meine Verunsicherung spürt und ausnutzt.« – »Ich habe Angst, abgewiesen und verletzt zu werden.«
- Er geht analysierend, berechnend und kritisch abwägend in Begegnungen hinein: »Ich muss darauf achten, dass ich nichts Falsches sage.« – »Hoffentlich wirke ich überzeugend, liebenswert, kompetent und einfühlsam auf die andere Person.« – »Hoffentlich passiert mir kein Fehler, der mich in Verlegenheit bringt.«
- Er geht selbstbezogen in Begegnungen hinein und hofft auf Rücksichtnahme: »Hoffentlich überfordert mich diese Person nicht.« – »Hoffentlich mutet man mir keine Sache zu, der ich nicht gewach-

sen bin.« – »Hoffentlich nimmt der andere Rücksicht auf meine Schwächen und nimmt mich im richtigen Moment in Schutz.«

Eine Person, die ihr Mangeldenken überwunden hat und in sich die Überzeugung trägt, dass sie anderen etwas zu geben hat, bewegt sich in denselben Beziehungen mit einer anderen Einstellung:

- Er geht mit einer positiven Grundhaltung und mit Zuversicht in Begegnungen hinein: »Ich weiß, dass ich ein gesegneter, von Gott beschenkter und ermutigter Mensch bin. Ich kann ich selbst sein und meine Meinung offen einbringen.«
- Er geht erwartungsvoll in Begegnungen hinein: »Ich kann und möchte von dieser Person etwas lernen. Gleichzeitig bin ich bereit, der anderen Person etwas zu geben. Ich bin offen für Möglichkeiten, die Gott mir gibt, um diesen Menschen zu ermutigen, aufzubauen und ihm Unterstützung zu geben. Ich gehe davon aus, dass Gott mich in jeder Beziehung zum Segen für den anderen einsetzen kann.«
- Er geht gelassen in Begegnungen hinein: »Ich mache mir im Voraus keine unnötigen Gedanken darüber, was ich sagen und wie ich mich verhalten werde. Ich bin einfach ich selbst. Wenn mir ein Fehler passiert oder es zu einem Missverständnis kommt, dann ist das keine Katastrophe. Aus Fehlern kann ich lernen.«
- Er konzentriert sich nicht auf das Negative, sondern auf das Gute: »Ich halte mich nicht an Dingen auf, die mich am anderen stören. Ich habe es nicht nötig, seine Fehler zu finden und zu betonen. Ich freue mich an seinen guten Seiten.«
- Auch nach einer herausfordernden Begegnung bleibt seine innere Haltung positiv: »Wir werden einen guten Weg miteinander finden. Unsere Schwierigkeiten sind lösbar. Ich werde nicht mit Empfindlichkeiten und Verdächtigungen auf Missverständnisse reagieren. Was unklar ist, spreche ich offen an. Ich gehe unbelastet in die weiteren Aufgaben und Begegnungen hinein.«

Wenn Sie diese beiden Aufstellungen miteinander vergleichen, dann erkennen Sie den wesentlichen Unterschied zwischen Mangeldenken und Mandatsdenken: Eine von Mangeldenken geprägte Person *reagiert* in erster Linie auf andere Menschen, statt die Chance zu ergreifen, sie zu *prägen*. Sie fühlt sich anderen gegenüber häufig unsicher und ist empfindlich. Dabei ist sie auf sich selbst bezogen und macht ihr Wohlbefinden von den Reaktionen anderer abhängig. Sie erwartet, dass sie in diesen Begegnungen etwas bekommt. Eine von Mandatsdenken geprägte Person hingegen erwartet, dass sie anderen geben kann. Sie bewegt sich gelassen und zuversichtlich in ihren Alltagsbeziehungen. Außerdem ist sie darauf ausgerichtet, andere zu ermutigen und zu fördern, und traut es Gott zu, dass er das durch sie tun kann und wird. Sie lebt mit einem gefüllten Tank an Selbstannahme und Selbstwertgefühl.

Eine von Mangeldenken geprägte Person *reagiert* in erster Linie auf andere Menschen, statt die Chance zu ergreifen, sie zu *prägen*.

Eine von Mangeldenken geprägte Person neigt dazu, andere kritisch zu betrachten und sich auf deren Mängel zu konzentrieren (ähnlich, wie sie das schon bei sich selbst tut). Eine von Mandatsdenken geprägte Person konzentriert sich hingegen auf den Beitrag, den sie anderen zu geben hat, und freut sich an den guten Seiten, die sie bei anderen entdeckt.

Natürlich überwindet man Mangeldenken nicht über Nacht. Für die meisten von uns ist es mit einem längeren Prozess verbunden. Wir müssen das Mandatsdenken einüben und uns immer wieder vergegenwärtigen, welche Bedeutung und Würde wir vor Gott haben. Wir erinnern uns daran, dass wir beschenkt und begabt sind und allen Grund haben, nicht im Mangeldenken verhaftet zu bleiben. Indem wir das tun, überwinden wir es Schritt für Schritt und lösen uns langsam davon.

Mandatsdenken lebt aus der Zuversicht, die Paulus in Römer 15,14 gibt, und wendet sie auf sich selbst an: »Ich bin davon überzeugt, dass Gottes Gegenwart in mir Gutes hervorbringt und dass er mich mit seiner Erkenntnis erfüllt. Deshalb bin ich dazu berufen und befähigt, meine Mitmenschen zu ermutigen und zu ermahnen.« Ein solcher Mensch geht zuversichtlich durchs Leben und erwartet einfach, dass er für andere ein Segen ist.

Unserer Bestimmung näher kommen

Stellen Sie sich vor, wie sich das Miteinander einer Gemeinde verändern würde, wenn die Menschen beginnen würden, ihr Mangeldenken abzulegen! Was würde geschehen, wenn es eine wachsende Zahl von gereiften Christen gäbe, die, egal, wie zerbrochen ihre Lebensgeschichten auch sind, trotzdem davon überzeugt wären, dass sie das Recht und die Verantwortung haben, einander Gutes zu tun! Die das Mandat annehmen, einander zu fördern. Die einander das Gute, das sie haben – egal, wie viel es ist –, geben und gönnen. Das würde die christliche Kirche zu einer ansteckenden, messianischen Kontrastgesellschaft machen!

> Die uns von Gott anvertraute Aufgabe wird dazu dienen, dass durch unseren Beitrag andere Menschen ermutigt und aufgebaut werden.

Jemand hat einmal gesagt: »Andere Menschen zu prägen ist die Grundform der Jüngerschaft.« Das fasst treffend zusammen, worum es in diesem Kapitel geht. Ein Nachfolger Christi lässt zu, dass andere Menschen ihn prägen, fördern und begleiten. Diese Prägung führt dazu, dass er wiederum in das Leben anderer Menschen investiert. Ein Jünger ist also ein Geprägter, der prägt. Das ist die Grundform der Jüngerschaft. Und das führt uns mitten ins Herz unserer ewigen Bestimmung, bei der es darum geht, die Werke zu tun, *die Gott zuvor bereitet hat, dass wir darin wandeln sollen* (Epheser 2,10b; EU). Auf diese Weise nehmen wir die uns zugedachte Rolle in Gottes großem Monumentalfilm ein. Diese Rolle wird auf unsere Möglichkeiten, auf unsere Stärken und auf unsere geistlichen Gaben zugeschnitten sein. Sie mag bei Ihnen ganz anderes aussehen als bei mir oder bei einem jungen Mann aus Burkina Faso. Doch das letzte Ziel wird dasselbe sein: Die uns von Gott anvertraute Aufgabe wird dazu dienen, dass durch unseren Beitrag andere Menschen ermutigt und aufgebaut werden. Das ist nach Paulus das eigentliche Ziel unserer Arbeit für das Reich Gottes: *Gebt euch Mühe, dass ihr damit vor allem zum Aufbau der Gemeinde beitragt* (1. Korinther 14,12b; EU).

Im restlichen Teil dieses Kapitels möchte ich einige praktische Schritte mit Ihnen teilen, die mir auf meinem Weg, andere Menschen zu fördern, selber eine Hilfe waren. Ich wünsche mir, dass Sie dadurch inspiriert und motiviert werden und sich selbst dazu aufmachen, ein Förderer zu werden.

Erkennen, wer meine Förderer waren

Es hat lange gedauert, bis ich verstanden habe, dass es meine Verantwortung ist, meinen Mitmenschen gegenüber ein Ermutiger und Förderer zu sein. Einen ersten Impuls bekam ich vor einigen Jahren bei einem Führungskongress durch einen Vortrag von Tim Sanders[26]. Sanders sprach dort u.a. darüber, wie sehr Mangeldenken einen Leiter in seinen Aufgaben und besonders in seinen Beziehungen zu anderen Menschen lähmen kann. Sein Exkurs zu diesem Thema war relativ kurz, aber er löste bei mir einiges Nachdenken aus. Mir wurde bewusst, wie sehr ich selbst von einem negativen Selbstbild geprägt war. Mir kamen andere Menschen in den Sinn, die aufgrund ihres Mangeldenkens immer wieder in aufreibende Konflikte gerieten.

Später fiel mir beim Lesen der Bibel vermehrt auf, dass das Evangelium von Jesus Christus letztlich ein sehr wirksames Gegenmittel zu diesem Denken ist. Ich entdeckte auf einmal Passagen und Aussagen, die mich daran erinnerten, wie wertvoll ich in Gottes Augen

26 Tim Sanders saß lange in den Führungsetagen von Yahoo! und ist Autor des Buches *Love ist the Killer App: How to Win Business und Influence Friends.* New York: Three Rivers Press, 2003.

bin, wie sehr er mich beschenkt hat und wie viel Gutes durch die Gegenwart von Jesus Christus in mich hineingelegt wurde. Das half mir, mein abwertendes Denken mehr und mehr loszulassen. Mit kleinen Schritten begann ich zu vertrauen, dass ich ein Mensch bin, der anderen etwas zu geben hat. Ganz einfach deshalb, weil mir durch Gottes anhaltendes Wirken an meiner Seele so viel Gutes und Wertvolles gegeben ist.

Schließlich stolperte ich in dieser Zeit beim Studium der Bibel immer wieder über den Begriff »parakaleo«, über den ich oben einiges geschrieben habe. Mehr und mehr verstand ich, dass ich nach dem Neuen Testament dazu aufgefordert bin, andere Menschen ermutigend und ermahnend zu fördern. Dieser Gedanke packte mich und gab meiner Einstellung anderen gegenüber einen neuen Fokus. Ich begann, Gott um Gelegenheiten zu bitten, die mir anvertrauten Menschen besser ermutigen zu können.

In diesem Zusammenhang begann ich auch, über diejenigen nachzudenken, die mich selber auf meinem bisherigen Lebensweg gefördert haben. Es war mir bis dahin gar nicht bewusst, wie viele es sind. Beim Nachforschen in meiner eigenen Geschichte bekamen sie auf einmal Gesichter und Namen.

Schon als Zwanzigjähriger, inmitten meines Ablösungsprozesses von meinem Elternhaus, prägten mich da und dort Minderwertigkeitsgefühle. Ich machte meinen Eltern Vorwürfe und bedauerte mich selbst für die Dinge, die sie mir nicht waren und nicht mitgaben. Ich bekam erst einige Jahre später einen Blick für die vielen guten Prägungen und Werte, die sie mir und meinen Geschwistern vermittelt haben. Natürlich, da gab es auch Mängel und Fehler. Bedürfnisse, die sie nicht gestillt haben. Lücken, die schmerzlich waren. In der Rückschau auf diese Dinge wurde mir jedoch mehr und mehr bewusst, dass Gott mir immer wieder andere Menschen gab, die in diese Lücken sprangen. (Das ist mir übrigens heute, wo ich selber Vater bin, ein großer Trost. Ich weiß, dass ich im Leben meiner Kinder auch Lücken hinterlassen werde. Aber ich habe allen Grund, darauf zu vertrauen, dass Gott auch ihnen Menschen über den Weg schicken wird, welche diese Lücken schließen werden. So wie ich es selber erlebt habe.)

Heute, in meinen Vierzigern, weiß ich von einem Dutzend Menschen, die mir an verschiedenen Stationen meines Lebens zu Förderern und Ermutigern wurden. Ich war mir ihrer wichtigen Rolle in meinem Leben lange nicht bewusst. Erst als ich darüber nachdachte, wurde mir dies klar.

Da ist zum Beispiel Hans, ein lediger, sechzigjähriger Mann, der während meiner Lehre zum Landschaftsgärtner viel in mich investierte und sich auch außerhalb der Arbeit Zeit für mich nahm. Da sind gleich mehrere Leiter aus der Jugendarbeit im CVJM, die mir Verantwortung übertrugen und Leitungsaufgaben anvertrauten. Später, während meiner theologischen Ausbildung, gab es Lehrer, die mich gezielt förderten, begleiteten, berieten und mir berufliche Türen öffneten, die mir ohne ihre Hilfe verschlossen geblieben wären. Die Tatsache, dass ich bereits mit knapp 30 Jahren selber in der theologischen Ausbildung junger Menschen als Fachlehrer tätig war, hatte auch mit einem langjährigen Begleiter und Förderer zu tun, der mir das zutraute und mich in diese Aufgabe berief.

Mit kleinen Schritten begann ich zu vertrauen, dass ich ein Mensch bin, der anderen etwas zu geben hat. Ganz einfach deshalb, weil mir durch Gottes anhaltendes Wirken an meiner Seele so viel Gutes und Wertvolles gegeben ist.

Und so ging es weiter: Über gewisse Lebensphasen hinweg war da jeweils mindestens eine Person, die an mich glaubte, mich herausforderte und in meine Entwicklung investierte. Vieles von dem, was ich heute bin und kann, verdanke ich diesen Menschen. Ich sah lange nicht, wie viel Einfluss sie auf mein Leben hatten. Heute erkenne ich, wie entscheidend sie für meinen persönlichen, geistlichen und beruflichen Werdegang waren.

Als ich so über meine Förderer nachdachte, wurde mir eines immer klarer: Das Vorrecht, solche Menschen zu haben, verpflichtet mich. Jetzt ist es an mir, anderen gegenüber dasselbe zu sein. Ich brauche damit nicht zu warten, bis ich ein grauhaariger, bärtiger Weiser bin. Da, wo ich heute stehe, inmitten meines Veränderungs- und Heilungsweges, kann ich damit anfangen. Es ist höchste Zeit, dieses Mandat anzunehmen und zu beginnen, andere Menschen bewusst zu fördern. Seither ist das ein neuer Bereich meines Lebens geworden, in dem ich mich zum Wachstum verpflichtet habe.

Zwei praktische Wege, andere zu fördern

Im Verlauf der letzten Jahre habe ich für mich zwei Möglichkeiten gefunden, wie ich andere Menschen prägen kann. Es sind zwei einfache, unspektakuläre Wege, die jeder gehen kann, der andere ermutigen und fördern möchte. Dennoch sind sie sehr effektiv.

Gemeinsame Zeit

Fördern und Prägen beginnt damit, dass man sich für andere Zeit nimmt. Es gibt in meinem Leben eine Handvoll Menschen, bei denen ich das bewusst tue. Zeit ist der notwendige Rahmen, wenn man andere ermutigen möchte. Natürlich will ich möglichst allen Menschen, die mir im Alltag begegnen, ermutigend begegnen. Bei einigen gehe ich jedoch einen Schritt weiter. Bei ihnen halte ich geradezu nach Möglichkeiten Ausschau, wie ich sie fördern kann.

Da sind zuerst meine Familie, meine Frau und meine Kinder. Sie haben Vorrang. Dann sind da die Menschen in meiner Gemeinde. Die Nachwuchsleiter etwa, von denen ich am Anfang dieses Kapitels berichtet habe. Darüber hinaus gibt es auch bestimmte Personen, die immer wieder meinen Weg kreuzen. Ich bete jeweils um offene Augen, um erkennen zu können, wann ich mir für eine bestimmte Person bewusst einmal etwas mehr Zeit nehmen soll.

Manchmal drängt sich mir dann inmitten einer Begegnung der Eindruck auf, dass ich mir für diese Person jetzt ausreichend Zeit nehmen soll. Vielleicht nur heute. Dann werfe ich, wenn es irgendwie geht, meinen Tagesplan über den Haufen und versuche, ganz für denjenigen und seine Fragen da zu sein. Wenn er von sich erzählt, höre ich gut hin. Im Gespräch halte ich nach Möglichkeiten Ausschau, wie ich ihn ermutigen und aufbauen kann.

Manchmal habe ich den Eindruck, dass ich bei einer bestimmten Person regelmäßig Zeit investieren soll. Auf eine solche Person gehe ich bewusst immer wieder zu. Ich frage nach, wie es ihr geht und was sie gerade beschäftigt. Ich erkundige mich nach den Herausforderungen, denen sie zurzeit ausgesetzt ist. Und ich suche nach Möglichkeiten, sie zu ermutigen. Hie und da gebe ich ihr einen Tipp oder empfehle ein gutes Buch. Ich achte darauf, wie sie auf solche Impulse reagiert.

> Als ich so über meine Förderer nachdachte, wurde mir eines immer klarer: Das Vorrecht, solche Menschen zu haben, verpflichtet mich. Jetzt ist es an mir, anderen gegenüber dasselbe zu sein.

Ich habe jeweils gleichzeitig etwa drei oder vier Personen, die eine Art inneren Kreis von Menschen darstellen, die ich besonders fördern möchte. Wenn sie mir erzählen, dass sie in der Nähe meines Wohnortes sind und sich gerne mit mir treffen möchten, dann sage ich selten Nein. Wenn es irgendwie geht, sehen wir uns bei einem Mittagessen oder beim Kaffee. Für diese Menschen mache ich Platz in meinem Terminkalender. Ich gehe zugleich erwartungsvoll und gelassen in diese Begegnungen hinein und halte Ausschau nach Möglichkeiten, diese Personen zu prägen, zu ermutigen oder herauszufordern. Dabei achte ich darauf, dass wir in unserem Gespräch die Small-Talk-Ebene durchbrechen und auf persönliche Themen zu sprechen kommen. Ich suche also nach offenen Türen, damit unser Austausch in die Tiefe gehen kann. Doch ich erzwinge es nicht, denn es bringt nichts, wenn die Person dafür nicht offen ist. Es muss sich auf natürliche Art und Weise ergeben. Wenn es dann geschieht, weiß ich, dass Gott diese Person vorbereitet hat und ich im jetzigen Moment ihres Lebens eine bestimmte Rolle spielen soll. Ergibt sich diese persönliche Tiefe nicht, freue ich mich einfach an einer schönen Begegnung und ziehe anschließend meinen Weg gelassen weiter.

Zu manchen dieser Personen habe ich jedoch eine klar definierte Mentoringbeziehung, die nicht nur auf Zufall basiert bzw. von meiner Seite ausgeht. Dann ist klar ausgesprochen und festgelegt, wie oft wir uns treffen und in welcher Form ich die Person begleite. Wir haben uns über die jeweiligen Erwartungen an den Prozess ausgetauscht.

Sich auf diese Weise bewusst für Menschen Zeit zu nehmen bedeutet, dass man sich beschränken muss. Ich kann das bei meinen derzeitigen Aufgaben nur bei drei, vier Personen auf einmal tun. Das heißt: Ich muss mich anderen gegenüber abgrenzen. Niemand kann sich für alle Menschen Zeit nehmen, die sich das wünschen. Ein Leiter schon gar nicht. Ich muss deshalb gut überlegen und definieren, bei welchen Menschen ich den Eindruck habe, dass Gott sie mir in besonderer Weise anvertraut. Für diese nehme ich mir mehr Zeit, während ich es bei anderen nicht tun kann.

Wichtiger noch als die Frage, wie viel Zeit ich einer Person geben kann, ist meine innere Einstellung, mit der ich in eine Begegnung hineingehe: Ich gehe im Vertrauen darauf, dass Gott mich in dem Treffen, das vor mir liegt, gebrauchen kann.

Sich Zeit nehmen ist also ein erster Weg, wie man Menschen fördern kann. Wichtiger noch als die Frage, wie viel Zeit ich einer Person geben kann, ist meine innere Einstellung, mit der ich in eine Begegnung hineingehe: Ich gehe im Vertrauen darauf, dass Gott mich in dem Treffen, das vor mir liegt, gebrauchen kann. Ich rechne mit von Gott geschenkten Möglichkeiten, diesen Menschen prägen und ermutigen zu können.

Manchmal erlebe ich, dass solche Menschen einige Zeit später zu mir sagen: »Damals hast du mir dies und jenes gesagt. Das hat mir geholfen; ich habe es nicht mehr vergessen.« Oft denke ich dann verwundert: »Habe ich das wirklich gesagt? Davon weiß ich gar nichts mehr! Aber dieser Satz, den ich da gesagt haben soll, klingt wirklich gut. Ich sollte ihn mir merken ...!« So ist mir manchmal gar nicht bewusst, wie Gott mich gebraucht hat, um jemanden zu ermutigen. Manchmal kommt es sogar vor, dass ich im Nachhinein das Gefühl habe, eine bestimmte Begegnung sei nicht sehr gehaltvoll gewesen. Später jedoch sagt mir die betreffende Person, wie hilfreich dieses Treffen für sie war. Damit will ich sagen: Unsere eigene Einschätzung darüber, wie viel wir in einem Gespräch einbringen, bewegen oder prägen können, ist manchmal sehr relativ. Manchmal gebraucht uns Gott weit mehr (oder auch weniger), als wir selber es wahrnehmen. Darum habe ich mir angewöhnt, ihm zu vertrauen, dass er auch ohne mein Wissen durch mich wirkt. Wichtig ist lediglich, dass ich dieses Mandat, andere Menschen zu prägen, ernst nehme und erwarte, dass es geschieht.

Worte

Das kraftvollste Mittel, um andere Menschen prägen zu können, sind Worte. Die richtigen Worte zur richtigen Zeit können viel bewirken. Sie können Leben verändern und Weichen stellen:

> *Heilende Worte helfen zum Leben; böswilliges Reden zerstört jeden Lebensmut* (Sprüche 15,4; GNB).

> *Die Worte mancher Menschen sind wie Messerstiche; die Worte weiser Menschen bringen Heilung* (Sprüche 12,18; GNB).

Das biblische Buch der Sprüche betont nicht nur an diesen, sondern an vielen weiteren Stellen, wie viel Gutes oder Schlechtes wir alleine mit unseren Worten ausrichten können. Worte prägen uns.

Weshalb ist das so? Gott hat das menschliche Wort mit einer besonderen Kraft und Wirksamkeit ausgestattet. Im biblischen Schöpfungsbericht lesen wir, dass Gott die Welt durch bloße Worte schuf: *Gott sprach – und es geschah so …* Dieser Refrain zieht sich durch den Schöpfungsbericht von 1. Mose 1 hindurch. Gottes Worte haben die Kraft, Dinge aus dem Nichts hervorzubringen. Die Psalmen bestätigen dies und reden von der besonderen Wirksamkeit, die den Worten Gottes innewohnt:

Durch das Wort des Herrn ist der Himmel entstanden, die Gestirne schuf er durch seinen Befehl. – Denn er spricht und es geschieht; er gibt einen Befehl, schon ist er ausgeführt (Psalm 33,6.9; GNB).

Im Neuen Testament erinnert sich der in Kapernaum lebende Hauptmann wohl an diesen Psalmvers, als er Jesus mit folgenden Worten um die Heilung seines Knechtes bittet: *Sag nur ein Wort und mein Diener wird gesund!* (Lukas 7,7; GNB). Gottes Reden ist schöpferisch und schafft Leben. Wenn er spricht, geschieht etwas! Seine Worte bringen den Himmel und die Erde in Bewegung. Neues entsteht. Altes vergeht. In Gottes Worten liegt eine gewaltige Kraft!

Nun lesen wir in der Schöpfungsgeschichte noch etwas anderes: Gott hat uns Menschen ihm ähnlich gemacht: *Nun wollen wir Menschen machen, ein Abbild von uns, das uns ähnlich ist* (Genesis 1,26; GNB; siehe auch Vers 27).

Ein wesentlicher Teil unserer Gottebenbildlichkeit besteht darin, dass unsere Worte wie Gottes eigene Worte die Kraft haben, etwas zu bewirken.

Woran erkennt man unsere Gottebenbildlichkeit? Worin sind wir ihm ähnlich? Das Buch der Sprüche verrät es: Ein wesentlicher Teil unserer Gottebenbildlichkeit besteht darin, dass unsere Worte wie Gottes eigene Worte die Kraft haben, etwas zu bewirken. Deshalb raten uns die Sprüche, sorgfältig mit unseren Worten umzugehen, denn sie haben das Potenzial, Leben zu schaffen oder zu zerstören: *Heilende Worte helfen zum Leben; böswilliges Reden zerstört jeden Lebensmut* (Sprüche 15,4; GNB). Was die Wirkung unserer Worte betrifft, sind wir Gott ähnlich.

Aus diesem Grund bin ich der Überzeugung, dass Worte eine entscheidende Rolle spielen, wenn wir andere fördern wollen. Das richtige Wort zur richtigen Zeit baut einen Menschen auf und bringt ihn weiter: *Der Mund des Gerechten bringt Weisheit hervor,* heißt es in Sprüche 10,31a (EU). Nun denken Sie vielleicht: »Na ja, als besonders gerecht betrachte ich mich nicht gerade. Und dass mein Reden viel mit Weisheit zu tun haben soll, kann ich auch nicht so wirklich glauben ...!« Ich glaube, Sie irren sich, wenn Sie so denken. Sie haben Ihren wirklichen Wert nicht erkannt. Sie sind Gottes Ebenbild! Auch wenn Sie noch nicht lange mit Gott leben und noch manche Unvollkommenheit an sich haben: Ihre Worte sind bedeutsam! Sie haben das Potenzial, andere Menschen aufzubauen. Wenn Gott seine Worte in Ihren Mund legt, dann sind das schöpferische Worte, die Gutes bewegen können. Ihre Worte haben die Kraft, Menschen zu ermutigen und aufzubauen. Glauben Sie das?

Erwarten Sie deshalb, dass Gott durch Sie handelt, wenn Sie mit anderen Menschen zusammen sind. Überlegen Sie sich, welches die Handvoll Menschen sind, die Sie auf eine besondere Weise prägen sollen. Bitten Sie Gott um offene Augen, diese Menschen zu erkennen. Nach einigen Namen müssen Sie gar nicht lange suchen. Sie sind von Gott her bereits gesetzt: Ihre Familie und Ihre Freunde. Welche Personen sollen Sie darüber hinaus mit Ihren Worten aufbauen? Beten Sie um Führung, halten Sie nach ihnen Ausschau, und Gott wird sie Ihnen zeigen.

Bei einigen Menschen werden es einmalige Begegnungen sein, in denen Gott Sie auf besondere Weise gebraucht. Bei ein oder zwei Personen wird er Sie jedoch auch ermutigen, mehr und regelmäßig Zeit zu investieren. Die Zahl hängt von Ihren zeitlichen Möglichkeiten und Ihren aktuellen Lebensumständen ab.

Tun Sie das besonders auch in Ihrer Gemeinde. Werden Sie dort als Förderer besonders von jüngeren Menschen bekannt. Hinterlassen Sie ein Erbe der Ermutigung und gehen Sie nicht als Nörgler und Besserwisser in die Geschichte ein. Solche gibt es genug. Machen Sie einen Unterschied und verbreiten Sie schöpferische, statt entmutigende Worte! Was Sie sagen, braucht nicht besonders klug zu klingen. Weil Sie Gottes Ebenbild sind und der Geist Gottes in Ihnen wirkt, werden sie ihre prägende Kraft entfalten. Rechnen Sie einfach damit!

Am Anfang dieses Kapitels habe ich Ihnen vom Nachwuchsleitertraining geschrieben, das wir in unserer Gemeinde durchführen. In diesem Kreis junger Menschen erlebe ich auf besonders eindrückliche Weise die Kraft schöpferischer Worte. Einige dieser jungen Frauen und Männer haben turbulente Lebensgeschichten. Sie haben Zurückweisung erlebt. Ihre Seelen wurden verwundet. Wenn ich ihnen schon in der ersten Einheit unseres Trainings sagen würde: »Von heute an bist du ein Leiter und übernimmst Verantwortung für eine Gruppe!«, dann würden sich einige von ihnen mit Händen und Füßen wehren und sich schnell wieder aus dem Staub machen. Einige von ihnen glauben noch nicht, dass solche Fähigkeiten in ihnen stecken. Dennoch lässt mich das, was ich bei ihnen beobachte, daran glauben, dass sie ein Leiterpotenzial haben. Deshalb habe ich sie zu diesem Training eingeladen. Ich erahne, dass es unter der Oberfläche ihres Lebens und ihrer Geschichte etwas gibt, das Gott zum Segen anderer Menschen einsetzen kann.

Im Verlauf dieses Leitertrainings beginne ich dann, den Eindruck, den ich über sie habe, mit ihnen zu teilen: »Ich sehe bei dir diese und jene Stärke.« – »Ich glaube, in diesem Bereich bist du außerordentlich begabt.« – »Hier sehe ich Anzeichen einer echten Leiterbegabung« usw. Meine These ist folgende: Die meisten Menschen glauben selber nicht daran, dass in ihnen ein besonderes Potenzial steckt. Die wenigen, die sehr von sich selbst überzeugt sind, sind – vorsichtig ausgedrückt – meistens nicht wirklich gute Leiter. Denjenigen, die echtes Potenzial haben, muss man das zusprechen. Nicht nur einmal. Immer wieder. Sie müssen es oft hören, bis sie anfangen zu glauben, dass Gott sie wirklich auf eine besondere Weise gebrauchen kann.

In unserem Young-Leaders-Training bauen wir deshalb immer wieder Übungen ein, bei denen wir über jede Person aus der Gruppe ausführlich sprechen. Ich sage dann beispielsweise zu allen: »Wenn wir jetzt versuchen herauszufinden, was Gott in Marcel hineingelegt hat, dann müsst ihr mir helfen. Bitte sagt mir und sagt es vor allem Marcel: Was seht ihr in ihm? Wo seht ihr Anzeichen dafür, dass Gott ihn heute schon zum Segen und zum Wohl für andere einsetzt? Welche besonderen Qualitäten hat Gott in Marcel hineingelegt?«

Und dann beginnen wir reihum: »Marcel, mir fällt auf, dass du oft von Kindern umringt wirst. Sie hängen an dir, bewundern dich und lieben dich. Ich habe den Eindruck, dass dir Gott Kinder richtiggehend vor die Füße legt und dich auffordert, sie zu prägen. Nimm das ernst. Das ist eine außergewöhnliche Stärke von dir ...«

Wenn die jungen Nachwuchsleiter auf diese Weise hören, welche Stärken wir bei ihnen sehen, dann reagieren sie oft ähnlich: »Es stimmt schon, dass ich Kinder gerne mag. Aber andere doch auch! Es geht ihnen sicher genauso, wenn sie mit diesen Kids zusammen sind. Das berührt einen doch einfach! Ich glaube, das ist normal.« Dann sage ich zu Marcel: »Siehst du, genau das stimmt nicht. Das, was du Kindern gegenüber empfindest, ist eben nicht normal. Das ist bei dir viel ausgeprägter. Da hast du ein besonderes Anliegen und einen besonderen Zugang. Das ist außergewöhnlich! Das solltest du dir bewusst machen. Hier erkennt man etwas, das dir Gott gegeben hat. Werde dir dessen bewusst und nutze diese Leidenschaft für Kinder! Hier liegt dein besonderes Potenzial. Gib dich da hinein!«

Die meisten Menschen glauben selber nicht daran, dass in ihnen ein besonderes Potenzial steckt.

Wenn die jungen Menschen das zum ersten Mal hören, schauen sie immer etwas skeptisch in die Runde. Sie können ihr Potenzial oft selber nicht so wahrnehmen, wie andere es tun. Wenn sie aber beginnen, die Worte ernst zu nehmen, die wir ihnen zusprechen, dann kommt etwas in Gang. Bei vielen von ihnen geschieht in den folgenden Jahren Erstaunliches. Sie wachsen langsam, aber stetig in ihrer Persönlichkeit und Leitungsfähigkeit. Sie übernehmen Verantwortung und trauen sich auf einmal Dinge zu, die sie noch vor Kurzem nicht gewagt hätten. Sie leiten Dienste und handeln immer sicherer.

Ich glaube, dass dies damit zu tun hat, dass man ihnen kontinuierlich Worte der Ermutigung zuspricht. Man muss den Menschen sagen, welches Potenzial in ihnen steckt, damit es sich entfalten kann. Sie müssen das mehr als einmal hören. Und dann auf einmal beginnt sich die Kraft ermutigender Worte im Leben dieser Menschen zu manifestieren, und es vollzieht sich genau das, was die Bibel sagt: dass unsere Worte die Kraft haben, zum Leben zu verhelfen.

Vermutlich sieht Ihr Alltag ganz anders aus als meiner. Sie haben vielleicht nicht die Möglichkeit, ein paar junge Menschen um sich zu scharen. Dafür stehen Ihnen ganz andere Möglichkeiten offen. Vielleicht gibt es in Ihrer Firma Lehrlinge, die Sie ermutigen können. Oder Sie können im Mutter-Kind-Treff in Ihrem Dorf damit beginnen, andere Mütter mit bestätigenden Worten aufzubauen. Sie können Ihrem Nachbarn mit Worten und Gesten Mut machen. Sie können in Ihrer Gemeinde Gelegenheiten wahrnehmen, im Leben anderer gute Spuren zu hinterlassen.

Was unsere Gemeinden brauchen, sind mehr Menschen, die anderen Worte der Hoffnung und der Ermutigung zusprechen. Menschen, die sich von den selbstbezogenen Ansprüchen und Erwartungen gelöst haben, was andere für sie tun und ihnen zusprechen sollten. Menschen, die stattdessen selber beginnen, ihren Mitmenschen bestätigende, freisetzende, prägende Worte weiterzugeben. Ich glaube, wir sind Gott kaum je so ähnlich wie in den Momenten, in denen wir das tun und andere ermutigen. Nichts trägt mehr dazu bei, dass wir selber in die Werke hineinwachsen, die Gott für uns vorbereitet hat.

In Begegnungen mit anderen einen Hauch der Ewigkeit einfangen

Vor vielen Jahren sagte ein Bekannter zu mir: »Ich möchte ein Mensch sein, der pädagogische Präsenz wahrnimmt. Jedem gegenüber, dem ich begegne.« Dieser Satz ist bei mir hängen geblieben. Er heißt nichts anderes, als Gelegenheiten zu nutzen, anderen Menschen eine Ermutigung oder einen wegweisenden Hinweis mitzugeben oder sie herauszufordern. Es geht darum, die Chancen zu nutzen, die mir gegeben werden, um im Leben von Menschen gute Spuren zu hinterlassen. Ihnen zu helfen weiterzukommen. Gutes

Verhalten einzuüben. Lähmende Lasten loszuwerden. Das ist pädagogische Präsenz.

Es bedeutet nicht, dass ich mit belehrendem Unterton durch meinen Alltag rausche und dabei allen, die mir begegnen, eine Lektion erteile. Menschen, die andere aufrichtig prägen wollen, sind zugleich überdurchschnittlich offen dafür, sich selbst prägen zu lassen. Begegnungen, in denen mich Gott zum Segen für andere macht, können gleichzeitig Begegnungen sein, in denen Gott mich durch den anderen segnet. In denen ich vom anderen etwas lernen kann. Sie beinhalten auch Chancen des Wachstums für mich selbst.

> Was unsere Gemeinden brauchen, sind mehr Menschen, die anderen Worte der Hoffnung und der Ermutigung zusprechen. Menschen, die sich von den selbstbezogenen Ansprüchen und Erwartungen gelöst haben, was andere für sie tun und ihnen zusprechen sollten.

Ich habe es mir zur Angewohnheit gemacht, in Begegnungen, die mir eher schwerfallen, nach den Lektionen Ausschau zu halten, die Gott mich lehren will. Es gibt in meinem Alltag manchmal Gespräche und Treffen, die für mich nicht einfach sind. Ich hätte einige andere Dinge, die dringend erledigt werden sollten. Nun ist aber dieser Termin gesetzt, und ich bin verpflichtet, ihn einzuhalten. Wenn ich merke, dass ich nur wenig Motivation für dieses Gespräch aufbringen kann, dann mache ich mir einen Sport daraus, meine Gedanken in eine ganz neue Richtung zu lenken. Während ich mit dem Auto oder dem Fahrrad zum vereinbarten Treffpunkt fahre, beginne ich mit Gott zu sprechen: »Herr, wie kann ich diese Person ermutigen? Was kann ich Gutes bei ihr zurücklassen? Gibt es ein Wort, einen Zuspruch, einen Psalm oder was auch immer, die für sie hilfreich sein könnten? Dann zeig es mir und gib mir den Mut, ihr das zu sagen! Bestimmt gibt es auch etwas, was ich von dieser Person lernen kann. Gibt es eine Lektion, die du mich durch diese Begegnung lehren willst? Gilt es in dieser Stunde etwas zu verstehen, das wichtig für mich ist? Öffne mir die Augen dafür; ich will deine Lektion nicht verpassen!«

Immer wenn es mir gelingt, mit dieser inneren Ausrichtung in Begegnungen hineinzugehen, für die ich vorher nur mittelmäßig motiviert war, geschehen spannende Dinge. Ich erlebe dann nicht nur, dass Gott mich selber gebraucht. Ich erlebe auch, wie er durch die andere Person an mir verändernd und prägend wirkt. Das Leben mit Gottes Mandaten ist ein Leben, das uns selbst weiterbringt. Und ich merke immer mehr: Jede Begegnung zählt. In jeder Begegnung steckt das Potenzial, von Gott gebraucht zu werden und selber etwas Neues zu lernen.

> In jeder Begegnung steckt das Potenzial, von Gott gebraucht zu werden und selber etwas Neues zu lernen.

Finden Sie Ihr Einflussgebiet

Können Sie sich vorstellen, dass es auch in Ihrem Leben einige Menschen gibt, die Gott Ihnen deshalb über den Weg schickt, damit Sie diese ermutigen und fördern? Ich bin davon überzeugt, dass es so ist. Diese Menschen bilden Ihr persönliches Einflussgebiet. Sie haben die einmalige Chance, in ihrem Leben Weichen stellende Spuren zu hinterlassen. Fangen Sie heute damit an!

Die folgenden Leitlinien können Ihnen dabei eine Hilfe sein:

- Vergleichen Sie sich nicht mit anderen Menschen. Manchen hat Gott viele Personen anvertraut, die sie prägen sollen. Anderen nur zwei, drei oder vier. Entscheidend ist nicht, wie viele es bei Ihnen sind. Entscheidend ist, dass Sie die Möglichkeiten auch wirklich nutzen, die Ihnen gegeben sind. Schreiben Sie die Namen der Menschen auf, bei denen Sie schon heute die Gelegenheit haben, sie zu fördern und zu ermutigen. Beginnen Sie bei Ihren Kindern, bei Ihrem Partner und bei Ihren Freunden. Schenken Sie ihnen Zeit und sagen Sie ihnen Dinge, die sie aufbauen und weiterbringen.
- Achten Sie darauf, welche Menschen Gott Ihnen über den Weg schickt. Bitten Sie Jesus, Ihnen zu zeigen, wenn darunter Per-

sonen sind, in deren Leben Sie bewusst investieren sollten. Bitten Sie um gute Gelegenheiten, etwas Ermutigendes zu ihnen zu sagen oder für sie zu tun. Achten Sie darauf, wie die Person reagiert. Wo immer sich eine Türe öffnet: Gehen Sie hindurch und ermutigen Sie diese Person weiter.

- Versuchen Sie, Menschen im Sinne des neutestamentlichen Wortes »parakaleo« zu fördern. Wagen Sie es auch, heikle Dinge, die Sie beobachten, anzusprechen. Finden Sie eine hilfreiche Balance zwischen Ermutigung und Ermahnung.
- Machen Sie Ihre eigene Gemeinde zu einem »Versuchslabor« der Ermutigung. Fangen Sie an, Menschen zu loben, zu fördern, ihnen zu danken und sie zu ermutigen, wann immer Sie eine Gelegenheit dafür finden. Verlassen Sie kein Gemeindetreffen, ohne nicht mindestens zwei Personen bewusst mit Worten aufgebaut und ermutigt zu haben.
- Achten Sie in Begegnungen immer auch darauf, welche Lektion Gott Ihnen vielleicht beibringen will. Fragen Sie sich, was Sie von den Menschen lernen können, mit denen Sie zu tun haben. Rechnen Sie damit, dass Gott einige seiner wertvollsten Lektionen für Sie dort bereithält, wo Sie es am wenigsten vermuten.
- Erzählen Sie anderen, welche Erfahrungen Sie in dieser »Ermutigungsschule« machen. Stecken Sie andere mit der Vision an, ein Ermutiger und Förderer zu werden. Helfen Sie anderen Menschen, dieses Mandat zu entdecken und zu leben.

Ein Wort zum Schluss

Sonntagmorgen, 10.15 Uhr. Ich stehe vorne am Rednerpult in unserer Kirche und predige. Während ich spreche, schweifen meine Augen über die Gottesdienstbesucher. Es sind einige fremde Gesichter dabei. Leute, die wahrscheinlich das erste Mal da sind. Die meisten aber kenne ich. Inzwischen vertraute Gesichter von jungen, mittelalten und älteren Personen. Wie vertraut mir manches Gesicht in den vergangenen neun Jahren geworden ist! Hinter jedem verbirgt sich nicht nur ein wertvoller Mensch, sondern auch eine einzigartige Geschichte. Einige Gesichter fehlen. Ich vermisse sie. Menschen, die in den letzten Jahren gestorben sind. Die meisten alt und lebenssatt. Andere schmerzlich früh.

Während ich über das Thema »Wie Gott aus Zerbrochenem Neues schafft« spreche, wird mir für den Bruchteil einer Sekunde bewusst, dass einige dieser Menschen ein lebendiges Beispiel dafür sind, was Gott mit begrenzten, verwundeten Menschen zu tun vermag.

Hinten links sehe ich Melanie[27]. Vor einigen Jahren wurde sie jäh aus dem Berufsleben gerissen. Eine Erschöpfungsdepression zwang sie, ihren Job in der Werbebranche aufzugeben. Ein Klinikaufenthalt wurde nötig. Seit einigen Monaten hat sie langsam wieder Fuß gefasst. Im Moment macht sie eine Ausbildung zur Buchhändlerin. Parallel stellt sie sich seit einiger Zeit einem Seelsorgeprozess, um sich neu auszurichten. Sie trifft sich regelmäßig mit einer Beraterin, die sie begleitet. Melanie ist eine unserer wertvollsten Mitarbeiterinnen. Was sie anpackt, hat Hand und Fuß. Sie liebt tiefe Gespräche. Sie geht offen, direkt und interessiert auf andere Menschen zu. Viele Neuerungen in unserer Gemeinde entstanden durch ihre Anregung. Jedes Mal, wenn wir uns sehen, freue ich mich. Melanie ist für mich

---

27 Dieser und auch die folgenden Namen sind geändert. Auch die Beschreibungen der Personen wurden zu deren Schutz so verfremdet, dass sie nicht identifizierbar sind. Der Kern der beschriebenen Lebensgeschichten entspricht der Realität.

ein Beispiel dafür, dass Zerbrochenheit einen Menschen nicht lähmen muss. Gott hat aus dem Schrott ihres Lebens etwas Neues gemacht, etwas unbezahlbar Gutes. Melanie ist eine Ermutigerin geworden. Ein klassisches Beispiel für eine verwundete Heilerin.

Etwas weiter vorne entdecke ich Sebastian. Dass er heute da ist, überrascht mich. Eine heimtückische Krankheit zwingt ihn oft zu ungeplanten Krankenhausaufenthalten und Operationen. Seit dem Tod seiner Frau lebt er alleine. Ich kenne nur wenige Menschen, die so wie Sebastian ein Herz dafür haben, ihren Glauben weiterzugeben. Er tut das, wo immer er hinkommt. Im Gespräch mit dem Nachbarn. Seinen Ärzten gegenüber, unmittelbar vor einer OP. Während eines Ausflugs auf dem Vierwaldstättersee. Die Art und Weise, wie er das macht, ist niemals aufdringlich. Wenn er über Gott spricht, dann kommt das natürlich, ungekünstelt und unfromm, aber immer konkret und einladend daher. Kein Wunder, dass er immer wieder mal Leute mit in den Gottesdienst schleppt. Auch heute sitzt ein junges, mir unbekanntes Paar neben ihm. Er ist ebenfalls so ein verwundeter Heiler, der sich trotz schwerer Schicksalsschläge nicht daran hindern lässt, sich von Gott gebrauchen zu lassen.

Schließlich entdecke ich auf der Empore Martina. Sie hat ihren Mann vor einigen Jahren bei einem Autounfall verloren. Ihre beiden Kinder hat sie praktisch alleine aufgezogen. Sie ist dabei immer wieder an Grenzen gekommen. Zwei-, dreimal saß sie schluchzend in unserem Wohnzimmer, weil sie einfach keine Kraft mehr zum Weitermachen hatte. Wir haben mit ihr gebetet, gerungen, diskutiert, gezweifelt, geklagt und nach Überlebensstrategien gesucht. Inzwischen sind ihre beiden Söhne beinahe erwachsen. Nachdem der ältere nach Bern gezogen war, stellte sie sein Zimmer einem Mädchen zur Verfügung, das aufgrund familiärer Schwierigkeiten kurzfristig ein anderes Zuhause brauchte. Danach nahm sie für mehrere Monate einen Austauschstudenten bei sich auf. An ihrem Tisch sitzen regelmäßig Gäste. Aus der Gemeinde, aber noch öfter irgendwelche Bekannte, die einfach froh sind, dass Martina ein offenes Ohr für sie hat. Seit einem Jahr macht sie eine Seelsorgeausbildung. Wir haben sie dazu ermutigt, weil sie dafür offensichtlich eine starke Begabung hat. Diese Ausbildung ist auch noch einmal ein Prozess des Aufarbeitens und Heilwerdens für sie persönlich. Da brechen noch einmal der ganze Schmerz über den Verlust ihres Mannes und die vielen Momente voller Einsamkeit und nagender Verlassenheitsgefühle hervor. Aber Martina stellt sich diesem Prozess und geht ihn mutig weiter. Auch sie ist eine verwundete Heilerin. Eine wertvolle Begleiterin für manche, die selber nicht mehr weiterwissen. Erst letzte Woche habe ich eine junge Frau zu ihr geschickt, die auf der Suche nach einer Seelsorgerin war.

Direkt vor mir, in der zweiten Reihe, erblicke ich Hannes. Hannes hat eine turbulente Lebensgeschichte hinter sich. Sein Vater hat sich aus dem Staub gemacht, als Hannes noch ein Baby war. Er ist bei seinen Großeltern aufgewachsen. Als er Teenager wurde, entglitt ihm das Leben. Zweimal hat er seine Ausbildung abgebrochen. Er heiratete früh und war auch schnell wieder geschieden. Vor etwa zehn Jahren hat Hannes sein Leben langsam in den Griff bekommen. Wesentlich »schuld« daran ist Bernhard, ein Freund, der sich immer wieder um Hannes gekümmert hat. Wenn ich mir Hannes' Geschichte vor Augen halte, kann ich kaum glauben, was Gott daraus gemacht hat. Hannes ist wieder verheiratet und hat zwei Söhne. Wenn ich ihn sehe, wie er mit seinen Kindern umgeht, dann staune ich darüber, zu was Gott fähig ist. Was ihm früher völlig fehlte, ist in den letzten Jahren langsam gewachsen. Er kümmert sich um seine Jungs und unternimmt wilde Sachen mit ihnen. Klettert auf Berge und macht Fahrradtouren mit ihnen. Mir fällt auf, wie sehr er seine und andere Kinder anspornt, ermutigt und bestätigt. Woher kommt das nur? Ich kann es mir nicht anders erklären, als dass Gott auch hier eine Seele heilend berührt hat. Hannes hat nicht alles im Griff. Er sagt selber, dass er ohne seine Freunde und seine Kleingruppe ein großes Rückfallpotenzial hätte. Manchmal kommt er zu mir und bittet darum, dass ich nach dem Gottesdienst für ihn bete. »Ich brauche im Moment besonders viel Kraft, damit ich nicht wieder ins alte Fahrwasser gerate.« Dann beten wir. Darum, dass er dranbleiben kann. Dass Gott ihn nicht nur bewahrt und festigt, sondern weiterhin gebraucht. Als ermutigenden Vater, der das Herz seiner Söhne zum Guten prägen kann. Dass er ein verwundeter Heiler wird.

Es sind solche Geschichten, die mir Mut machen und vor Augen führen, was Gott im Leben von Menschen zu tun vermag, die sich von ihrer Geschichte und ihren Wunden nicht länger lähmen lassen. Was werden kann, wenn Versager immer wieder neu aufstehen und trotz allem weitergehen. Wie Gott antwortet, wenn Bettler ihm die Hände entgegenstrecken und sagen: »Auch wenn ich nichts Beeindruckendes vorzuweisen habe – gebrauche mich trotzdem!«

Es sind solche Geschichten und mittendrin meine eigene, die mir vor Augen malen, was Gott aus Menschen macht, die ihm die Scherben ihres Lebens überlassen.

Vielleicht ist das bald auch Ihre Geschichte? Trauen Sie Gott zu, dass es so werden kann. Beginnen Sie damit, dass Sie Ihr Leben in einem anderen Licht sehen. Denken Sie an das Zitat von Dostojewski am Anfang dieses Buches: »Habe dein Schicksal lieb, denn es ist der Weg Gottes mit deiner Seele.« Was Ihre Seele im Verlauf Ihres Lebens an Höhen und Tiefen erfahren hat, ist wichtig. Auch die dunklen Momente, die Verlusterfahrungen und der Schmerz. In diesen Wunden tut Gott sein schönstes Werk, wenn Sie ihm das erlauben. Fangen Sie an, in Ihrer Geschichte nach den Spuren Gottes zu suchen. Fragen Sie danach, welche besonderen Stärken hinter den Erfahrungen und Ereignissen Ihres Lebens verborgen sind. Seien Sie offen für die Lektionen, die Gott für Sie bereithält. Rechnen Sie damit, dass genau diese Lernerfahrungen Ihr bestes Werkzeug sind, durch das Sie andere Menschen fördern und aufbauen können. Werden Sie ein verwundeter Heiler! Denn in Ihren Wunden verbirgt sich das Geheimnis Ihrer Stärke!